RELATION

HISTORIQUE ET CRITIQUE

DE LA

CAMPAGNE D'ITALIE

EN 1859

RELATION
HISTORIQUE ET CRITIQUE
DE LA
CAMPAGNE D'ITALIE
EN 1859

PAR

FERDINAND LECOMTE

CAPITAINE A L'ÉTAT-MAJOR FÉDÉRAL SUISSE

TOME DEUXIÈME

DEUXIÈME ÉDITION

PARIS
CH. TANERA, ÉDITEUR
LIBRAIRIE POUR L'ART MILITAIRE, LES SCIENCES ET LES ARTS
Quai des Augustins, 27

1860

RELATION
HISTORIQUE ET CRITIQUE
DE LA
CAMPAGNE D'ITALIE
EN 1859

CHAPITRE PREMIER

ÉVACUATION DE MILAN PAR LES AUTRICHIENS

Le 5 juin, l'armée autrichienne put commencer son mouvement de retraite sans être inquiétée autrement que par l'action de la division Trochu, que nous avons rapportée.

Pendant ce temps, l'armée alliée se réorganisait et se concentrait sur le champ de bataille, s'attendant à une nouvelle affaire pour le 5 ou pour le 6, et n'avançant même que prudemment. Mais le 6 juin il fut bien évident que les Autrichiens étaient en pleine marche rétrograde, et qu'ils cédaient l'entrée de la Lombardie sans nouveaux combats. Aussi, ce même jour, les alliés reprirent leurs opérations en avant. L'empereur Napoléon qui, le soir du 4, était revenu à San-Martino, sur la rive gauche du Tessin, se porta à Magenta le 6, et ce fut là qu'il honora du bâton de maréchal les généraux Mac-Mahon et Regnaud de Saint-Jean-d'Angély.

Menacer la retraite des Autrichiens sans compromettre ses propres communications, tel devait être le but de l'empereur Napoléon. En conséquence, l'armée fit un léger mouvement de conversion vers le sud pour avancer ensuite dans la direction de Lodi.

A la droite, Canrobert dut marcher entre le Tessin et le Naviglio, et Niel sur la rive gauche du Naviglio. Au centre, Baraguey d'Hilliers traversa Magenta et s'avança d'abord sur la grande route de Milan pour obliquer ensuite à droite. A gauche, Mac-Mahon marchait aussi sur la grande route de Milan, devant le 1er corps. En réserve, les Sardes et la garde impériale.

Le 6 juin, les têtes de colonne des 3e et 4e corps occupèrent Abbiategrasso et Castelletto, qu'elles trouvèrent évacués.

Le 7, ces corps se rapprochèrent de la gauche, tandis que le 1er corps atteignait San-Pietro-l'Olmo et que le 2e corps poussait jusqu'à San-Donato, après avoir rapidement traversé Milan.

Cette capitale était dans l'allégresse. La veille, les derniers Autrichiens s'en étaient aussi retirés, et elle avait savouré les premières douceurs de la délivrance.

Déjà le 4, pendant la canonnade de Magenta, une vive émotion s'était, comme on le pense bien, emparée de la population milanaise et s'était promptement accrue par le spectacle des fuyards et des blessés arrivant pêle-mêle pendant la soirée du 4 et la journée du 5. Les rues s'étaient remplies de groupes menaçants, tandis que la place du château, où les troupes se réorganisaient et bivouaquaient, prenait de son côté un imposant aspect de guerre. L'anxiété fut grande pendant deux jours; mais tout se borna à des rixes partielles et à quelques soldats désarmés isolément. Les Autrichiens évacuèrent le château et traversèrent la ville en bon ordre, au milieu de rues déjà pavoisées aux couleurs italiennes; les arrière-gardes s'embarquèrent sur le chemin de fer de Venise.

A peine le château et le fort Tosa étaient-ils abandonnés que le peuple de Milan s'y précipita, et, dans sa rage contre tout ce qui était autrichien, il encloua les canons que les troupes n'avaient pu enclouer. Il est vrai que ces bouches à feu étaient braquées sur la ville, avec indication d'objectifs déterminés par des lignes tracées sur la plate-forme; il est vrai aussi que le souvenir des péripéties de 1848 était encore présent à tous les esprits.

Une municipalité provisoire se constitua déjà dans la journée du 6 et alla présenter à l'empereur une adresse de félicitations qui fut, en quelque sorte, le premier acte du nouveau régime.

Une autre adresse, présentée au roi Victor-Emmanuel, caractérisait mieux encore les conséquences qui allaient sortir de la guerre au point de vue politique. Voici le texte de ce second document, annonce des annexions qui allaient s'opérer :

« SIRE,

« Le vœu public est que Votre Majesté, à qui, par un miracle de concorde, ont été confiées les destinées de la patrie commune, prenne le plus tôt possible en main le gouvernement et la direction des affaires publiques de ce pays. Ce vœu avait été déjà solennellement proclamé par des milliers de nos volontaires, d'abord par serment devant Dieu, et ensuite par le sang devant le canon de l'Autriche...

« Sire, dans la résolution du conseil de la commune de Milan, Sa Majesté verra une nouvelle preuve que les vérités de cœur n'ont pas deux manières de s'exprimer. Nous vous appartenons par la persuasion, par l'affection, par la nécessité géographique, par le droit historique de l'acte de fusion de 1848, confirmé par les onze années de préparation, de souffrances qui resteront ineffaçables dans l'histoire des peuples, comme un exemple sublime de ce que peut la persévérance dans de justes desseins, ainsi que la dignité dans les malheurs publics...

« Sire, nous vous adresserons les paroles qui vous ont ému déjà lorsque vous les avez entendues des lèvres de nos volontaires blessés dans la glorieuse journée de Palestro : « Faites libre et heureuse « l'Italie, et nous bénirons nos blessures. »

« Milan, 8 juin 1859. »

Le 8 juin au matin, les souverains alliés firent leur entrée dans la capitale de la Lombardie, à la tête de leurs troupes et au milieu des acclamations d'une foule ivre d'enthousiasme.

Pendant ce temps, Giulay avait cherché à rassembler ses troupes éparses et à prévenir un désastre stratégique dont il aurait facilement pu être frappé. Après un ou deux jours d'hésitation sur le parti à prendre, il finit par se replier derrière l'Adda. Il avait d'abord cherché à se concentrer autour de Pavie et de Plaisance, pour menacer de là le flanc des alliés et pour y livrer même une nouvelle bataille, d'où, en cas de revers, il aurait échappé par la rive droite du Pô. Mais l'éloignement de Clam-Gallas et de Lichtenstein ne permit pas l'exécution de ce plan, et Giulay se résolut au projet plus prudent de décamper vers le Mincio. Malheureusement, le temps qu'il perdit à se déterminer lui mit les alliés sur les talons et l'empêcha de faire, en plusieurs points, une défense qui eût bien pu avoir ses avantages. Giulay put voir aussi, dans ces circonstances, combien son système de cordon était fatal. Si, au lieu d'établir des ouvrages grandioses tout le long du Tessin, les Autrichiens avaient choisi et fortifié quelques points centraux plus en arrière, Milan ou Melegnano, par exemple, nul doute qu'ils n'eussent pu en tirer un parti plus utile et empêcher, en tout cas, la marche triomphale des alliés.

Dès qu'il était manifeste que Giulay ne pensait plus qu'à se rapprocher du quadrilatère des forteresses, l'empereur Napoléon devait chercher à paralyser cette opération en le serrant du plus près possible. Aussi, dans ce but, l'empereur porta le 8 juin le 1er et le 2e corps dans la direction de Lodi, espérant sans doute qu'ils pourraient arriver sur l'Adda avant les arrière-gardes de l'ennemi qui, ainsi, auraient été coupées. Le maréchal Mac-Mahon fut placé sous les ordres du maréchal Baraguey d'Hilliers, pour opérer en commun, et le 4e corps dut suivre en réserve.

Mais, malgré la vigoureuse impulsion qui fut donnée à ce mouvement, Baraguey d'Hilliers ne parvint pas à prendre les devants. Le 8e corps autrichien, formant l'arrière-garde de Giulay, passa le Lambro quelques heures avant les Français et y laissa une brigade qui, en livrant un rude combat à Melegnano, le 8 juin au soir, arrêta la marche des alliés et assura la retraite pacifique des Autrichiens à travers la Lombardie.

CHAPITRE II

COMBAT DE MELEGNANO

(8 juin 1859)

Melegnano, ou Marignan, célèbre dans l'histoire par la bataille dite des Géants, en 1515, où 20,000 Suisses résistèrent héroïquement pendant trente heures aux efforts de l'armée de François Ier, est une petite ville de 4 à 5,000 âmes, à environ 2 lieues sud-est de Milan, sur la route de Lodi. Le Lambro, ruisseau assez profond dans la saison des pluies, la traverse en offrant sur ses bords quelques ondulations de terrain qui coupent seules cette vaste plaine. Tout le pays est couvert d'une riche végétation. Les abords de la ville avaient été mis en état de défense par les Autrichiens. Le pont et le cimetière, entre autres, étaient fortement gardés. La brigade Roden (division Berger du 8e corps), formant l'extrême arrière-garde, occupait la position et se reliait à la brigade Boer, en marche vers Lodi.

Les commandants des 1er et 2e corps français convinrent entre eux que la 1re division de Mac-Mahon (la Motterouge) attaquerait d'abord San-Giuliano, petit village à gauche de la route de Milan et en avant du Lambro ; qu'après en avoir délogé l'ennemi, cette division passerait le Lambro à Carpianello et s'avancerait à Mediglia, débordant ainsi l'aile droite de l'ennemi et menaçant ses communications avec Lodi.

L'autre division (Decaen, succédant à Espinasse) devait compléter ce mouvement tournant en s'étendant encore plus à gauche, c'est-à-dire quitter la grande route à San-Martino, passer le Lambro vers Trivulzo et se porter par Bettola à l'est de Mediglia.

Le 1er corps devait s'avancer de front contre Melegnano par la grande route de Milan, en se répartissant, pour l'attaque même de la position, en trois colonnes d'une division chacune. La 1re division (Forey) attaquerait à droite par Viboldone, Mezzano et Pedriano; la 3e (Bazaine) au centre, par la chaussée; la 2e (Ladmirault) à gauche, en s'avançant de San-Giuliano à San-Brera, et se reliant ainsi avec la 1re division de Mac-Mahon.

Une fois Melegnano dépassé, Forey se porterait sur Cero, tandis que Ladmirault et Bazaine marcheraient sur Sordio, où ils feraient leur jonction avec le 2e corps, y arrivant, de son côté, par Dresano et Casalmajocco.

Ces dispositions, quoique n'étant pas les meilleures qu'on pût choisir, pouvaient cependant donner de beaux résultats, si l'exécution avait répondu à la combinaison.

Malheureusement, il y eut un retard général dans les colonnes de marche. D'une part, le 2e corps ne put ni démasquer la grande route ni opérer le passage du Lambro aussi vite que Baraguey le comptait; d'autre part, le 1er corps, qui avait une distance d'environ 30 kilomètres à parcourir, fut retenu par des encombrements de la route, entre autres par des voitures des 2e et 4e corps.

Vers cinq heures et demie du soir seulement, la 3e division du 1er corps (Bazaine), qui était en tête, parvint devant Melegnano, et se prépara à l'attaque, quoique les autres divisions ne fussent pas encore en ligne.

Les Autrichiens avaient coupé la route et élevé une forte barricade à environ 500 mètres en avant de la ville. Une batterie d'artillerie et un bataillon et demi du régiment prince de Saxe n° 11 garnissaient la position et ouvrirent un feu très-vif sur les colonnes françaises, s'organisant à distance.

La division Bazaine étant formée pour l'attaque, un bataillon du 1er zouaves s'élança en tirailleurs pour la précéder, se répandant dans les vergers sur les flancs des Autrichiens. Les deux batteries de la division, placées par le général Forgeot à Mezzano, et soutenues par les tirailleurs de la 1re division, ripostèrent avantageusement à la canonnade autrichienne. Au bout d'un moment de cet engagement de feux, le maréchal Baraguey d'Hilliers fit poser les sacs à terre à la 1re brigade (Goze) de la 3e division, et la lança à l'assaut de la ville, précédée du 3e bataillon de zouaves en tirailleurs. La lutte fut vive et la fusillade meurtrière pour les assaillants. Une nuée de tireurs autrichiens, bien postés dans les premières maisons de la ville, derrière les haies et derrière les murs du cimetière, firent de nombreux vides dans les rangs du 1er zouaves et du 33e de ligne. Mais les Français étaient trop supérieurs en forces et avaient trop d'élan pour être arrêtés par les pertes. Sur les trois points de l'action, ils faisaient des progrès et pouvaient compter, en outre, sur des réserves. Ils ne tardèrent pas à dépasser le cimetière et à pénétrer dans les rues, où d'affreuses mêlées eurent lieu. L'aigle du 33e de ligne, un moment en péril par un énergique retour offensif de trois compagnies du régiment prince de Saxe, masquées d'abord derrière un groupe de maisons, fut tour à tour attaquée et défendue avec énergie, et resta en fin de compte à ses légitimes propriétaires. Les Autrichiens firent leur retraite toujours en combattant, quoique vivement pressés, et perdirent un assez grand nombre de prisonniers au pont du Lambro.

Pendant ce temps la brigade Boer, seconde de la division Berger, avait été promptement rappelée au secours de Roden. Elle accourait; mais il était trop tard pour reprendre Melegnano, et d'ailleurs le bénéfice n'eût pas été grand, car elle n'aurait fait qu'augmenter la distance qui la séparait du gros de l'armée, continuant à filer sur le Mincio. Boer se borna à soutenir la retraite des troupes en première ligne; à cet effet il prit position près de Castello-Bernardi, recueillant sur ce point les blessés et les détachements chassés de Melegnano.

Mais la 2e division française, qui s'était mise en ligne à la gauche de la 3e, avait suivi la rivière et s'était répandue sur les deux rives, où elle avait réussi à capturer bon nombre de soldats du régiment prince de Saxe. D'autre part, Mac-Mahon se montrait encore plus à gauche, menaçant l'extrême droite et même la réserve autrichienne; son artillerie labourait déjà la route de Lodi, et ses tirailleurs étaient près d'atteindre Cologno. Boer, pressé ainsi de tous côtés, ne pouvait que se replier sur Lodi. C'est ce qu'il exécuta avec calme, favorisé par l'obscurité de la nuit tombante et par un orage terrible, qui suspendit forcément le combat. Le général Boer montra une grande intrépidité dans cette action d'arrière-garde. Toujours sur les points dangereux, il reçut une blessure dont il mourut en arrivant à Lodi.

Les vainqueurs bivouaquèrent sur le champ de bataille. La nuit obscure, une pluie diluvienne et les inondations ne permirent pas de poursuite.

Les pertes des Français ont été données comme suit dans l'état accompagnant le rapport officiel du maréchal Baraguey d'Hilliers, daté de Melegnano, 10 juin :

1er corps d'armée. — État-major : 2 officiers blessés;

33e de ligne : 5 officiers tués, 11 blessés; 8 soldats tués, 86 blessés, 2 disparus.

34e de ligne : 1 officier tué, 11 soldats blessés.

37e de ligne : 4 officiers blessés; 7 soldats tués, 31 blessés.

78e de ligne : 1 soldat blessé.

1er zouaves : 6 officiers tués, 26 blessés; 106 soldats tués, 426 blessés, 48 disparus.

Génie : 1 officier blessé.

Les états sont négatifs pour le 74e de ligne, le 81e de ligne et le 100e de ligne.

A ajouter par suite d'un état numérique sans désignation de corps : 8 officiers blessés, 18 soldats tués, 114 blessés, 14 disparus.

Soit, pour l'affaire de Marignan, un total de 942 hommes hors de combat, dont 12 officiers tués et 56 blessés, 141 soldats tués, 669 blessés et 64 disparus.

Les pertes des Autrichiens, d'après ce même rapport français, « sont considérables; les rues et les terrains avoi- « sinant la ville étaient jonchés de leurs morts; 1,200 bles- « sés autrichiens ont été portés à nos ambulances; nous « avons fait de 8 à 900 prisonniers et pris une pièce de « canon ».

Le bulletin de la *Gazette de Vienne,* daté de Vérone, 13 juin, parle des pertes autrichiennes comme suit : « Nous « n'avons pas encore le détail des pertes faites au combat de « Melegnano, et en conséquence nous ne pouvons pas don- « ner dès à présent les noms des officiers tués ou blessés; « nous les ferons ultérieurement connaître. Notre perte en « morts et blessés s'élève à 250. »

Enfin une petite *Esquisse de la campagne par un officier allemand*, publiée dans l'*Almanach militaire* de Vienne, du docteur Hirtenfeld, donne les chiffres suivants :

1 général, 7 officiers, 112 hommes *tués;*

15 officiers, 234 hommes *blessés;*

142 *manquants.*

Total des hommes hors de combat : 511.

Nous laisserons nos lecteurs choisir entre ces chiffres, dont les indications sont si diverses suivant les sources.

Le jour même du combat de Melegnano se livrait, plus au nord, une autre affaire d'arrière-garde moins importante.

Urban, qui, pendant la bataille de Magenta, était toujours à la chasse de Garibaldi et cherchait, en outre, à inquiéter l'extrême gauche des alliés, avait à son tour les Sardes à sa poursuite. Un détachement piémontais l'atteignit vers Vaprio et Canonica, et lui fit subir quelques pertes au passage de l'Adda.

Après cette retraite d'Urban, la garnison autrichienne de Laveno, au bord du lac Majeur, se trouvait dans une situation difficile. Bloquée par l'insurrection et par les chasseurs des Alpes, elle n'avait guère d'espoir de se faire jour jusqu'au gros de l'armée. Elle n'était également pas assez approvisionnée pour pouvoir attendre paisiblement un retour de la fortune.

Aussi le commandant en chef de ce détachement si compromis se décida, pour sauver la liberté de son corps, à user du dernier moyen que ses ordres lui permettaient. Le 8 juin, la garnison, composée de 650 hommes du régiment archiduc Charles-Louis n° 3, et du corps de flottille, s'embarqua sur les vapeurs et sur les barques à sa disposition, et, traversant le lac, vint se réfugier à Magadino, sur la rive neutre helvétique.

L'hospitalité lui fut accordée dans les limites usuelles de la neutralité, c'est-à-dire que les troupes durent être désarmées et internées, et le matériel séquestré jusqu'à nouvel ordre. Ces mesures s'exécutèrent sans difficultés par les soins de M. le colonel fédéral Bontems et des milices sous son commandement (1).

(1) Aux premiers bruits de guerre, le conseil fédéral avait transmis, en date du 14 mars, une déclaration de neutralité à toutes les puissances et, dès les premiers jours de mai, quelques troupes et quelques états-majors avaient été mis sur pied dans les cantons de Genève, Valais, Tessin et Grisons, pour parer aux éventualités de la guerre. Le vénérable général Dufour avait été appelé pour la quatrième fois à la tête de l'armée.

Quelques semaines plus tard, et en suite de négociations entre le conseil fédéral suisse et les diverses puissances belligérantes, les soldats autrichiens purent rentrer dans leurs foyers. Les trois vapeurs et leur équipement furent achetés à l'Autriche par la Confédération.

CHAPITRE III

OBSERVATIONS SUR LE COMBAT DE MELEGNANO

Il n'a été publié jusqu'ici que peu de détails sur la journée du 8 juin. Nous ne connaissons qu'un rapport du maréchal Baraguey d'Hilliers et un petit bulletin anonyme autrichien. L'un et l'autre de ces documents laissent dans l'obscurité l'action tactique elle-même.

Quant aux dispositions préparatoires prises du côté des Français, le rapport du maréchal Baraguey d'Hilliers est plus explicite. Il fait connaître, entre autres, que l'empereur ordonna au 1er corps, secondé du 2e, de *chasser l'ennemi de San-Giuliano et de Melegnano.* Le même document dit, quelques lignes plus bas, que l'empereur prescrivit à Baraguey d'Hilliers d'*opérer le jour même de son départ de San-Pietro-l'Olmo*, et cette phrase pourrait même être envisagée à la fois comme une justification présentée par le chef du 1er corps, et comme un reproche à l'adresse de l'état-major de l'empereur (1).

Si Baraguey d'Hilliers n'a pas eu d'autre mission que de *chasser l'ennemi* de Melegnano et de San-Giuliano, il a

(1) Voici le texte de cette partie du rapport :

« Pour que ces combinaisons pussent avoir un plein succès, il fallait que « le temps ne manquât pas à leur développement, et, en me prescrivant « d'opérer le jour même de mon départ de San-Pietro-l'Olmo, Votre Majesté « rendait ma tâche plus difficile, car la tête de la 3e division ne put entrer « en ligne qu'à trois heures et demie, tant la route, etc. »

pleinement réussi, en somme, car le soir même les Autrichiens avaient quitté ces deux localités. Dans ce cas, on ne peut comprendre la phrase justificative et agressive susmentionnée que comme excuse des pertes assez nombreuses du 1er corps, et nous ne saurions, pour notre part, nous en déclarer totalement satisfait.

Sans doute l'ordre d'opérer dans la journée même du 8, et les retards subis par les divisions dans leur marche peuvent avoir forcé le bouillant maréchal à risquer un coup de collier avec la seule tête de colonne de la 3e division. Cependant il aurait pu attendre encore une heure de plus avant de lancer la brigade Goze à l'assaut. Mieux appuyée alors par l'action des autres divisions et par le mouvement tournant de Mac-Mahon, l'attaque de front eût mis en retraite les Autrichiens sans cette résistance acharnée qui coûta tant de monde aux zouaves et au 33e de ligne; ou bien si Roden avait persisté à tenir vers le cimetière, il eût risqué d'être fait prisonnier avec toute sa brigade par Ladmirault et Mac-Mahon. Dans toutes ces hypothèses, l'attaque principale de Goze nous parait avoir été trop hâtive.

Si, en ordonnant au maréchal Baraguey d'Hilliers de s'emparer de Melegnano, l'empereur a eu un autre but que la simple possession de cette ville, s'il espérait, entre autres, comme cela nous paraît probable, pouvoir couper la retraite à une fraction des troupes autrichiennes, alors nous comprenons la tentative de justification du maréchal. Mais nous devons encore avouer qu'elle ne nous paraît pas complétement satisfaisante. Puisqu'il avait jugé, avec beaucoup de raison, que le 2e corps rendrait de bons services en tournant, par Mediglia, la droite autrichienne, il n'y avait pas de motifs pour n'y envoyer qu'un corps. Toutes les troupes aux ordres de Baraguey d'Hilliers auraient dû, à notre humble avis, prendre cette direction, qui était la vraie ligne stratégique d'opérations, celle qui menaçait le mieux les communications de l'ennemi, sans offrir, pour deux corps, plus de dangers ni de difficultés que pour un seul. Pendant ce temps, quelques tirailleurs eussent à la rigueur retenu les Autrichiens devant Melegnano, et l'on pouvait ainsi répétér en partie la capture faite par Mac-Mahon à Magenta.

D'autre part, même avec les dispositions prises par Baraguey d'Hilliers et indiquées par lui dans son rapport, la justification ne nous paraît pas fondée. « Pour que ces « combinaisons pussent avoir un plein succès, dit le maré- « chal, il fallait que le temps ne manquât pas à leur déve- « loppement. » Nous convenons qu'il eût été désirable que les troupes des deux corps eussent pu partir une journée plus tôt pour cette expédition et se trouver déjà dans la matinée du 8 autour de Melegnano, sur les deux rives du Lambro. Mais puisque le temps manquait aux queues de colonne et à l'extrême gauche pour entrer énergiquement en action, à bien plus forte raison il ne fallait pas précipiter l'assaut de la tête de colonne du centre. Le maréchal aurait pu agir comme l'empereur au pont de San-Martino, le 4 juin, qui fit sagement rétrograder la division Mellinet jusqu'à ce que le canon de Mac-Mahon ait donné le signal d'une offensive simultanée. Puisque Baraguey d'Hilliers avait lui-même fait partir Mac-Mahon à deux heures et demie pour Mediglia, il aurait mieux dû concerter les deux attaques, et, en tout cas, régler la sienne sur celle de Mac-Mahon, qui devait donner les plus grands résultats.

Au reste, on peut aussi ajouter que l'affaire de Melegnano se ressent de l'incohérence et de l'incertitude qui planèrent un moment sur celle de Magenta. C'est un ou deux jours plus tôt que les alliés, pour opérer dans de bonnes conditions stratégiques, auraient dû arriver à hauteur de Melegnano. Dans ce cas, Lodi ou Pizzighettone eussent à peu près été pour Giulay ce que fut le passage de la Bérésina pour Napoléon, en 1812.

Moins heureux que Kutusoff, le maréchal Baraguey d'Hilliers nous rappelle plutôt Soult en Espagne, qui, après la prise de Madrid, suivit très-bien les Anglais de Moore dans leur marche sur la Corogne, et talonna souvent leurs arrière-gardes, mais qui ne parvint pas à les entamer sérieusement en coupant leurs communications.

En résumé, la journée du 8 juin, quoique ayant finalement abouti au résultat recherché par les Français, n'en est pas moins fort honorable pour les armes de l'Autriche. Deux brigades autrichiennes, dont l'une engagée seulement en réserve, ont vaillamment tenu tête à une opération combinée de cinq divisions françaises. Menacées de front et de flanc par des forces supérieures, ces deux brigades ont su trouver le temps à la fois d'abîmer deux ou trois régiments ennemis sur leur front et d'échapper au danger sur leur flanc. On dit que le lieutenant-feld-maréchal Benedeck dirigeait personnellement cette affaire.

CHAPITRE IV

—

PRISE DE POSSESSION DE LA LOMBARDIE PAR LES ALLIÉS
CONCENTRATION DES AUTRICHIENS VERS LE MINCIO

L'occupation de Melegnano par les Français leur assurait la libre possession de Milan. Aussi les 8 et 9 juin l'armée alliée s'y concentra presque en entier. Elle y resta trois à quatre jours, campée autour du château et sur les remparts, pour se remettre de ses fatigues, temps qui fut employé par la population milanaise à fêter joyeusement ses libérateurs.

Le jour même de son entrée dans la capitale de la Lombardie l'empereur fit publier deux proclamations, remarquables toutes deux par l'importance de leur contenu autant que par la vigueur du style. Voici le texte de ces documents, qui rappellent le célèbre ordre du jour du général Bonaparte, en 1796 :

« ITALIENS !

« La fortune de la guerre nous conduisant jusqu'ici, je viens vous dire pourquoi j'y suis.

« Lorsque l'Autriche attaqua injustement le Piémont, je résolus de soutenir mon allié le roi de Sardaigne; l'honneur et les intérêts de la France m'en faisaient un devoir.

« Vos ennemis, qui sont les miens, ont tenté de diminuer la sympathie universelle qu'il y avait en Europe pour votre cause, en faisant croire que je ne faisais la guerre que par ambition personnelle ou pour agrandir le territoire de la France.

« S'il y a des hommes qui ne comprennent pas leur époque, je ne suis pas du nombre. Dans l'état éclairé de l'opinion publique, on est plus grand aujourd'hui par l'influence morale qu'on exerce que par des conquêtes stériles, et cette influence morale, je la recherche avec orgueil en contribuant à rendre libre une des plus belles parties de l'Europe..... Je ne viens pas ici avec un système préconçu pour déposséder les souverains ni vous imposer ma volonté; mon armée ne s'occupera que de deux choses : combattre vos ennemis et maintenir l'ordre intérieur; elle ne mettra aucun obstacle à la libre manifestation de vos vœux légitimes..... Unissez-vous donc dans un seul but : l'affranchissement de votre pays..... Ne soyez aujourd'hui que soldats, demain vous serez citoyens libres d'un grand pays.

« Fait au quartier impérial de Milan, le 8 juin 1859.

« *Signé :* Napoléon. »

Dans la seconde pièce, l'empereur parle à son armée :

« Soldats !

« Il y a un mois, confiant dans les efforts de la diplomatie, j'espérais encore la paix lorsque tout à coup l'invasion du Piémont par les troupes autrichiennes nous appela aux armes. Nous n'étions pas prêts. Les hommes, les chevaux, le matériel, les approvisionnements manquaient, et nous devions, pour secourir nos alliés, déboucher à la hâte, par petites fractions, au delà des Alpes, devant un ennemi redoutable et préparé de longue main.

« Le danger était grand; l'énergie de la nation et votre courage ont suppléé à tout. La France a retrouvé ses anciennes vertus, et, unie dans un même but comme en un seul sentiment, elle a montré la puissance de ses ressources et la force de son patriotisme. Voici dix jours que les opérations ont commencé, et déjà le territoire piémontais est débarrassé de ses envahisseurs.

« L'armée alliée a livré quatre combats heureux et remporté une victoire décisive qui lui ont ouvert les portes de la capitale de la Lombardie. Vous avez mis hors de combat plus de 35,000 Autrichiens, pris 17 canons, 2 drapeaux, 8,000 prisonniers; nous aurons encore des luttes à soutenir, des obstacles à vaincre.

« Je compte sur vous. Courage donc, braves soldats de l'armée d'Italie! Du haut du ciel vos pères vous contemplent avec orgueil!

« Fait au quartier général de Milan, le 8 juin 1859.

« *Signé :* Napoléon. »

Le roi Victor-Emmanuel se présenta, lui aussi, aux populations par une proclamation chaleureuse, suivie d'un décret organisant provisoirement le gouvernement de la Lombardie. Voici le texte de la proclamation :

« Peuples de la Lombardie !

« La victoire des armées libératrices m'amène au milieu de vous.

« Le droit national restauré, vos vœux établissent l'union avec mon royaume, union qui repose sur la garantie des droits civils.

« La forme provisoire que je donne aujourd'hui au gouvernement est exigée par les nécessités de la guerre.

« Une fois l'indépendance assurée, un gouvernement libre et durable sera fondé.

« Peuples de la Lombardie !

« Les Piémontais ont fait et font de grands sacrifices pour la patrie commune : notre armée, qui accueille dans ses rangs un grand nombre de vaillants volontaires de nos provinces et des autres provinces italiennes, a déjà donné d'éclatantes preuves de sa valeur en combattant victorieusement pour la cause nationale.

« L'empereur des Français, notre généreux allié, digne du nom et du génie de Napoléon, est venu se mettre lui-même à la tête de l'héroïque armée de cette grande nation et veut délivrer l'Italie depuis les Alpes jusqu'à l'Adriatique.

« Rivalisant de sacrifices, vous seconderez ces magnanimes efforts sur les champs de bataille, vous vous montrerez dignes des destinées auxquelles l'Italie vous appelle aujourd'hui, après des siècles de souffrances.

« Du quartier général principal, Milan, 9 juin 1859.

« Victor-Emmanuel. »

Aussitôt un gouverneur, désigné par le roi, prit en mains l'administration de la province, et de toutes parts affluèrent les adresses de dévouement au nouveau régime. Des sociétés politiques se formèrent, des journaux se fondèrent, la garde nationale s'organisa et commença son service ; en un mot, une vie publique des plus animées vint remplacer l'abattement des jours précédents.

Le 9 juin, un *Te Deum* solennel, auquel assistaient Leurs Majestés, fut célébré dans la grande cathédrale, et donna une nouvelle occasion à la population d'applaudir avec ardeur les souverains alliés et leurs belles troupes, entre autres la garde impériale. Le lendemain, ces ovations se répétaient dans une brillante soirée, improvisée au théâtre de la Scala en l'honneur de Leurs Majestés. Rien ne saurait donner une idée des démonstrations d'amour prodiguées aux deux souverains par l'unanimité des spectateurs. Cela touchait presque à l'enfantillage et au ridicule, et laissait peu prévoir, en tout cas, les plaintes amères et les accusations passionnées qui, un mois plus tard à peine, devaient se produire avec la même exagération.

Mais l'empereur Napoléon, au sein même de ces spectacles, vouait son attention à des objets plus importants. Il réparait les pertes de son armée, réorganisait ses états-majors (1), hâtait l'arrivée du matériel manquant et de la cavalerie de la garde, alors en marche, faisait activer les réparations des ponts et chemins de fer, et s'apprêtait, en résumé, à ne pas laisser de longs répits à l'armée autrichienne. Déjà, le 10 juin, la cavalerie légère s'était portée en reconnaissance sur tout le parcours de l'Adda.

Le 12, le gros de l'armée, ainsi que le quartier général, se mit en route à la recherche de nouveaux succès. Un aide de camp de l'empereur, le général de Béville, fut laissé à Milan

(1) Le général de brigade Wimpffen, de la garde, fut appelé à commander une division détachée. Le général Decaen remplaça Espinasse. Ces deux vacances dans la garde, ainsi que celle de feu le général Cler, furent remplies par les généraux Picard à la 2e de voltigeurs, et Blanchard à la 2e de grenadiers, Niol à la 1re de grenadiers. Les colonels Dieu et d'Alton, promus généraux, prirent les deux brigades vacantes dans la 1re division du 1er corps. Le général de brigade de Richepance, commandant la cavalerie du 4e corps, fut promu au grade de général de division, et remplacé par le général de Rochefort, appelé de France. Le colonel Besson remplaça feu le colonel de Senneville comme chef d'état-major du 3e corps. Douze à quinze colonels nouveaux furent promus, etc.

comme commandant de place. Le roi y fixa aussi un représentant militaire dans la personne du général Castelborgo.

Pendant ce temps les Autrichiens, en vue de se concentrer vers le Mincio, avaient continué leur marche à l'est par Crémone, Verola-Nuova, Leno, Castiglione-delle-Stiviere.

Le 7 juin ils avaient évacué Pavie ; les 9 et 10 Plaisance, après avoir fait sauter les ouvrages, embarqué ou encloué les canons et noyé de grandes quantités de munitions et de vivres. Ces immenses travaux de fortification, si péniblement et si soigneusement construits, ne servirent à rie[illegible]ême les mines, avec mèches à percussion qu'ils y a[illegible]èrent contre les poursuivants (division d'Autemarre), ne réussirent pas à jouer ou furent éventées par des déserteurs hongrois.

Lodi, Pizzighettone furent aussi évacuées les 10 et 11 juin, Crémone le lendemain.

De même, les forces envoyées dans les duchés en étaient retirées, emmenant avec elles quelques corps disloqués de troupes de Modène et de Parme. Ces petits États ne tardèrent pas à se mettre de nouveau en pleine insurrection, et ils arborèrent définitivement le drapeau de l'annexion au Piémont. La duchesse de Parme dut quitter sa résidence le 9, et cette princesse se réfugia en Suisse. Le duc de Modène se rendit au quartier général de l'empereur François-Joseph à Vérone.

Les garnisons autrichiennes d'Ancône et de Ferrare se retirèrent également sur le quadrilatère, cédant un libre terrain derrière elles à l'insurrection des Romagnes.

Ainsi, des deux côtés, de grandes masses se concentraient et semblaient se désigner le Mincio pour premier rendez-vous.

L'armée autrichienne montrait sa fermeté habituelle dans les revers ; d'ailleurs elle avait été renforcée des 5es bataillons des régiments de ligne, d'une vingtaine de bataillons des confins et de volontaires, et de quelque cavalerie. Réorganisée tout à nouveau, elle pouvait espérer d'être mieux conduite et plus heureuse. Le général Giulay avait été déchargé, à sa demande, dit-on, de ses fonctions. Le comte Schlick, vieux soldat des guerres de l'empire, l'avait remplacé. Le 18 juin, l'empereur, arrivé à Vérone dès le 31 mai, prit le commandement en personne (1), ayant pour chef d'état-major le feld-maréchal Hess, et sous ses ordres, comme commandants d'armée, le feld-zeugmeister Wimpffen pour la 1re armée, et le général de cavalerie Schlick pour la 2e [illegible]

D[illegible] côté l'armée alliée ne cessa, dès le 12 juin, de marcher en avant. Tandis que les Autrichiens tenaient les parages du Pô, elle longeait le pied des montagnes du Tyrol, s'avançant prudemment et toujours concentrée. Garibaldi, qui avait été mandé à Milan pendant que l'empereur y séjournait, avait reçu les instructions nécessaires pour continuer à frayer les voies à l'armée. S'acquittant avec audace de sa mission d'éclaireur, le vigoureux partisan, qui se trouvait déjà le 8 à Bergame, apparaissait, le 13, aux portes de Brescia que les Autrichiens venaient à peine d'évacuer. Il se porta même le lendemain vers le lac de Garde, mais trouva l'ennemi en forces et dut se retirer après un engagement assez meurtrier à Restazzo.

Le gros de l'armée ne pouvait pas aller si vite en besogne.

(1) A cette occasion, l'empereur d'Autriche adressa l'ordre du jour suivant à ses troupes :

« En prenant aujourd'hui le commandement immédiat de mes armées portées en face de l'ennemi, je veux, à la tête de mes vaillantes troupes, continuer la lutte que l'Autriche a été forcée d'accepter pour son honneur et son bon droit.

« Soldats ! votre dévouement pour moi, votre bravoure, dont vous avez donné des preuves si éclatantes, m'assurent que, sous ma conduite, vous remporterez les succès que la patrie attend de vous.

« Vérone, le 18 juin. François-Joseph. »

Le 12, le quartier général de l'empereur était à Gorgonzola, et celui du roi à Vimercate. Le même jour des ponts furent jetés sur l'Adda à Cassano et à Vaprio pour remplacer ceux que les Autrichiens avaient fait sauter.

Le 13, le passage du Serio et de l'Adda s'effectua sans aucune opposition. Le 14, les troupes alliées campaient sous Bergame, le 16 devant Brescia, et le 18 juin les deux souverains faisaient leur entrée solennelle à Brescia, dont la défense tient une place si émouvante dans l'histoire des événements de 1848.

Les Autrichiens se groupaient, au même moment, dans les environs de Montechiaro, plateau s'abaissant en doux glacis vers la Chiese, et très-favorablement disposé pour une résistance contre l'ouest. De tous côtés on s'attendait à une affaire décisive sur ce terrain pour la dernière semaine de juin. Mais les Autrichiens ne crurent pas plus pouvoir tenir derrière la Chiese que derrière l'Adda ou l'Oglio, et le 18 juin ils continuèrent leur mouvement de retraite au delà du Mincio, après avoir fait sauter les ponts de Montechiaro.

Le 20 juin, leur quartier général était à Villanfranca, au sein du quadrilatère.

Les alliés portèrent aussitôt des forces sur la Chiese et sur les bords du lac de Garde, tandis que la division sarde Cialdini et les chasseurs des Alpes furent lancés à gauche dans les Alpes pour veiller aux passages du Stelvio et du Tonale. Quant au gros de l'armée, ses premiers coups paraissaient devoir porter dorénavant contre les forteresses du Mincio. On pouvait croire que les siéges allaient prendre, pour un moment, la place des batailles rangées, et dans cette prévision les plus grands efforts étaient faits par l'empereur Napoléon et par le roi pour obtenir de nouvelles ressources.

Des flottilles de chaloupes canonnières, de barques et de batteries flottantes furent à grande peine transportées à travers la Lombardie pour armer le Mincio et tout d'abord le lac de Garde, où les alliés avaient déjà pris possession du port de Desenzano.

Un renfort de deux divisions, venant de Paris et de Lyon, devait en outre rallier le gros de l'armée française.

D'autre part le corps du prince Napoléon, renforcé d'une belle division toscane, était en marche vers le quadrilatère, à travers les duchés de Parme et de Modène, et devait déboucher devant Mantoue juste à point pour commencer le siége de cette place.

Enfin la flotte française de l'Adriatique s'apprêtait à resserrer Venise et à débarquer un corps de troupes dans ces parages.

Mais ces mesures, dont l'effet ne pouvait pas être douteux si elles s'exécutaient avec ensemble, exigeaient encore du temps et de longs préparatifs pour aboutir. La simple prudence commandait aux Autrichiens d'utiliser ce délai et de prévenir l'action simultanée qui allait fondre sur eux de quatre points différents. En livrant une nouvelle bataille à l'empereur Napoléon seul, avant que celui-ci ait reçu les secours sur lesquels il comptait et ait pu développer ses combinaisons, les Autrichiens avaient tout à gagner et rien de plus à perdre, car ils seraient encore à temps, en cas de revers, de se retrancher dans leurs forteresses.

Telles sont les vues qui, selon nous, durent présider à l'offensive que prit subitement l'armée autrichienne et qui aboutit à la bataille de Solferino.

CHAPITRE V

BATAILLE DE SOLFERINO. — TOPOGRAPHIE OBSERVATIONS PRÉLIMINAIRES

(24 juin 1859)

Un coup d'œil jeté sur une carte de la haute Italie suffira à donner, mieux qu'une description par écrit, une idée générale du terrain sur lequel s'est livrée la grande bataille du 24 juin. Essayons cependant de compléter les indications de notre carte.

Le théâtre de la bataille même et des opérations qui s'y rattachent directement est compris à peu près dans le parallélogramme tracé au nord par le lac de Garde et le chemin de fer; à l'ouest par la Chiese; au sud par la ligne du cours inférieur de l'Oglio, prolongée jusqu'à Mantoue; à l'est par le Mincio.

Les grands côtés peuvent mesurer une longueur d'environ 30 kilomètres; les petits, ceux du nord et du sud, environ 20 kilomètres. Ce terrain est divisé en deux parties fort distinctes, au point de vue de la structure :

La partie nord comprend les derniers chaînons des Alpes du Tyrol, encaissant le bassin du lac de Garde, et forme au sud de ce lac un pâté montagneux dont le centre se trouve à peu près à Pozzolengo et la limite à une courbe passant au pied des localités de Lonato, Esenta, Castiglione, San-Cassiano, Volta. La direction générale de ces montagnes, ou plutôt de ces collines, trace trois chaînons principaux à peu près parallèles entre eux et au rivage du lac de Garde, séparés par les vallées du Redone et de Sole. C'est sur le dernier chaînon du côté de la plaine que se trouvent les hauteurs du mont Valscura, du mont Fenile, de Solferino, de Cavriana, qui eurent un rôle majeur dans la bataille. Sur le massif du centre se trouvent Castel-Venzago, Madona-della-Scoperta, qui furent aussi des points importants. Enfin, sur le massif le plus rapproché du lac se trouvent San-Martino, Ortaglia, Feniletto, où les Sardes durent agir. Le point culminant du terrain où eurent lieu les plus vifs engagements est la tour de Solferino, appelée par les gens du pays *Spia d'Italia*, car on découvre de là, en effet, une immense étendue de la Lombardie et de la Vénétie.

La partie au sud se déroule en vaste plaine, riche de cultures diverses et semée de nombreux villages et hameaux entourés d'arbres et de jardins. La grande route de Castiglione à Mantoue par Guidizzolo et Goïto longe d'abord le pied des hauteurs, puis, dès les environs de Guidizzolo, s'en écarte de plus en plus à mesure qu'on avance vers le Mincio. En cheminant sur cette route de l'ouest à l'est, on aperçoit à la gauche d'abord le hameau de Fontane, à 2 kilomètres de Castiglione, puis le village de le Grole, caché dans un repli de terrain sous le mont Fenile, la tour de Solferino et quelques toits du village masqué derrière la colline, puis San-Cassiano, s'étalant sur le coteau; plus loin, des maisons isolées de Cavriana, au cœur de la montagne, et enfin Volta, étagé sur un des derniers mamelons, avec un clocher blanc qui s'aperçoit de fort loin. Un assez grand nombre de chemins latéraux se détachent de la grande route vers toutes ces localités. Les terres sont plantées de vignes, de mûriers et de maïs entremêlés.

Sur la route même se trouvent quelques hameaux et le beau village de Guidizzolo, point d'une grande valeur militaire, car il en part une route vers Cavriana, une vers Volta et une autre au sud vers Ceresara, toutes praticables pour les voitures.

A droite de la grande route, on voit, au milieu des arbres, les villages de Carpenedolo, sous Castiglione, de Medole, de Ceresara, reliés par un bon chemin, à peu près parallèle à la grande voie centrale. Le terrain entre Guidizzolo et Medole est couvert d'un grand nombre de maisons, dont les toits rouges se dessinent vivement au milieu du feuillage. Le hameau de Rebecco en forme le groupe principal.

Au delà de cette ligne, toujours sur la droite, apparaissent à l'arrière-plan les maisons d'Acqua-Fredda, les murailles et les tours de Castel-Goffredo, les villages de Casaloldo, de Piubega, de Marcaria, d'Asola et autres localités dont la détermination nous est indifférente ici.

Le pâté montagneux est aussi sillonné d'un grand nombre de chemins; mais trois à quatre seulement ont une valeur militaire. Outre la grande voie ferrée qui, de Desenzano, se rapproche de la montagne vers le sud, il y a : 1° la voie Lugana, qui, cheminant à peu près du nord au sud, part des environs de Rivoltella, coupe le chemin de fer et mène droit à Pozzolengo par San-Martino; 2° le chemin allant de Rivoltella à Madona-della-Scoperta par Castel-Venzago, et de là à Pozzolengo; 3° le chemin de Lonato à Pozzolengo, par Esenta et Madona-della-Scoperta.

D'Esenta se détache plus à droite, mais toujours dans la montagne, un autre chemin sur Solferino par Barche, de Castiglione et Barche de Solferino.

Les forces des deux armées qui allaient se heurter étaient à peu près les suivantes :

Les alliés avaient toujours cinq corps français, y compris la garde, et cinq divisions sardes. Les pertes faites jusqu'ici avaient été à peu près compensées par l'arrivée d'hommes de la réserve et des dépôts. Un régiment français était resté en garnison à Milan, un autre à Brescia. La division d'Autemarre s'avançait par Crémone vers le Mincio. Une division sarde, Cialdini, et les chasseurs des Alpes furent affectés à la garde des montagnes du Tyrol; de sorte que le gros de l'armée alliée se composait, en somme, de 17 divisions d'infanterie, 5 de cavalerie, avec la proportion forte de bouches à feu, ce qui fait un total d'environ 160,000 hommes.

Les Autrichiens, eux, avaient été totalement réorganisés, et le tableau que nous avons donné de leur armée (1) s'applique aux jours qui précédèrent la bataille.

Ils avaient, en somme, huit corps d'infanterie, plus une brigade détachée, et un corps de cavalerie. Le tout formait, au dire d'un journal de Vienne, 124 bataillons d'infanterie, 60 escadrons de cavalerie, ce qui, en moyenne, devait faire un effectif total d'environ 160,000 hommes (2).

Les huit corps étaient répartis en deux armées de quatre corps chacune.

La 1re armée, qui tenait la gauche du front d'opérations, était sous le commandement du feld-zeugmeistre Wimpffen; elle comprenait, en comptant par la gauche, les 2e (Lichtenstein), 9e (Schaffgottsche), 11e (Weigl) et 3e corps (Schwarzenberg).

La 2e armée, à la droite, sous le commandement du général de cavalerie Schlick, comprenait les 7e (Zobel), 1er (Clam-Gallas), 5e (Stadion) et 8e corps (Benedeck), plus une brigade (Reichlin) détachée du 6e corps, adjointe au 8e. En réserve se trouvaient des parties du 4e et du 12e corps en Vénétie, et le 6e corps en formation dans le Tyrol.

(1) *Pièces justificatives*, Ier vol., p. 226 et suiv.

(2) Ces chiffres sont aussi ceux donnés par l'*Almanach militaire de Vienne*; nous avons lieu de les croire un peu faibles, et nous nous rangerions plutôt à cette autre indication que les Autrichiens avaient 160 bataillons et 80 escadrons.

Le 23 au matin, avant de se mettre en marche, l'armée autrichienne occupait les positions ci-après :

Le quartier général de l'empereur François-Joseph était venu de Vérone à Villafranca.

Le quartier général de la 2e armée était à Custozza, et celui de la 1re armée à Mantoue.

Le 8e corps, formant l'extrême droite, occupait les environs de Peschiera.

Le 5e corps, qui donnait la main au précédent, était aux alentours de Salionze.

Le 1er corps vers Quaderni.

Le 7e vers San-Zezone.

Le 3e vers Pozzolo.

Le 9e vers Goïto.

Le 11e vers Roverbella.

Le 2e, à Mantoue et aux environs, formait l'extrême gauche.

La division de cavalerie Mensdorf et les réserves d'artillerie de la 2e armée étaient à Rosegaferro. La division de cavalerie Zedwitz et les réserves d'artillerie de la 1re armée campaient aux environs de Villafranca.

De ces positions-là l'armée autrichienne dut s'avancer, le 23 au matin, pour surprendre les alliés. Elle devait faire effort par la gauche, c'est-à-dire tomber sur l'aile droite et sur le flanc droit des Français et refouler l'armée alliée sur les montagnes du Tyrol. Troupe, officiers, généraux, tous étaient impatients de combattre et de venger les échecs antérieurs. La bataille était espérée pour le 25, et l'on pensait, dans les rangs autrichiens, qu'elle livrerait du coup tout le terrain que l'armée avait dû évacuer après Magenta.

Les mesures n'avaient pas été trop mal prises dans ce but; l'ordre général de marche, renforcé sur la gauche, était simple et assez bien combiné en somme; mais il avait le défaut commun à presque toutes les conceptions des états-majors autrichiens, il était trop étendu; le front occupait, en y comprenant, il est vrai, les détachements, tout l'espace depuis le lac de Garde à l'Oglio, c'est-à-dire une ligne de 8 à 10 lieues, ce qui ne devait pas faciliter une rapide concentration en cas de besoin.

Le 23 au matin, l'armée s'avança avec confiance au delà du Mincio, qu'elle traversa sur six points : à *Peschiera*, la brigade Reichlin; à *Salionze*, le 8e corps; à *Valeggio*, le 5e, suivi du 1er corps; à *Ferri*, sur un pont de chevalets, le 7e corps, la cavalerie Mensdorf et le 3e corps; à *Goïto*, les 9e et 11e corps, suivis de la cavalerie Zedwitz; à *Mantoue*, le 2e corps.

La droite, formée seulement du 8e corps, se dirigea sur Pozzolengo et devait, en s'avançant ensuite sur Lonato, contenir dans la région montagneuse les efforts de l'aile gauche alliée.

Le centre, comptant trois corps : le 5e, suivi du 1er, de la cavalerie et du 7e, s'échelonna de Solferino à Cavriana; il devait occuper les hauteurs dominant ces localités, puis s'avancer, moitié par la montagne, moitié par la plaine, sur Castiglione. La cavalerie s'arrêta à le Tezze, et le 7e à Foresto.

La gauche comptait les quatre corps de la 1re armée. Le 3e corps marcha par Volta sur Guidizzolo, suivi du 11e et du 9e plus à gauche. Le 2e, destiné à un mouvement tournant sur le flanc droit des Français, porta la division Jellachich, secondée de la brigade de cavalerie Vopaterny, sur Asola par Marcaria, le long de l'Oglio.

Le 23 juin au soir, le gros des corps occupait la ligne de Pozzolengo, Solferino, Cavriana, Guidizzolo, Rebecco, Medole, et leurs avant-postes la ligne Madona-della-Scoperta, le Grole, Camarino, Medole et Castel-Goffredo. Les réserves

(7e et 11e corps) à Foresto et Castel-Grimaldo. Le lendemain, vers neuf heures du matin, l'ennemi devait se mettre en mouvement pour atteindre la Chiese.

Mais, pendant ce temps, le gros des alliés avait déjà passé cette rivière.

L'intention de l'empereur des Français était de s'emparer du pâté montagneux de Solferino et Pozzolengo, pour se préparer de là, sans doute, à franchir le Mincio de vive force, aussitôt que le corps du prince Napoléon serait arrivé et que la flottille du lac de Garde pourrait fonctionner. Les reconnaissances envoyées les jours précédents avaient bien signalé des détachements autrichiens dans la montagne et quelques ouvrages défensifs construits sur divers points; mais il paraissait certain que les masses s'étaient retirées. Il était, par conséquent, de l'intérêt des alliés de prendre possession le plus tôt possible de ces importantes positions, qui flanquent comme un bastion la ligne du Mincio, en même temps qu'elles dominent toute la plaine.

Le 23 au soir, le quartier général de l'empereur Napoléon était à Montechiaro. Le lendemain, l'armée devait quitter la Chiese pour atteindre les environs du Mincio, et le quartier général devait se transporter à Castiglione. L'ordre de marche pour le 24 faisait avancer les six corps sur un front de 4 à 5 lieues, c'est-à-dire au centre le 1er et le 2e corps, suivis de la garde; à la droite le 4e, puis le 3e corps; à la gauche les Sardes, qui avaient la tâche difficile de reconnaître et d'occuper la montagne dans les environs de Peschiera.

Dans la soirée du 23, l'état-major allié reçut bien quelques indices des mouvements autrichiens; on pouvait en augurer que les escarmouches et les combats locaux dans la montagne seraient plus vifs qu'on ne l'avait cru d'abord, mais cela ne changeait pas la situation générale des choses. L'ordre général de marche, assez concentré pour pouvoir parer aux éventualités, n'eut pas besoin d'être modifié ; mais, comme les corps marcheraient assez éloignés les uns des autres, il était prudent d'avoir du temps devant soi, afin de pouvoir, en cas de besoin, les concentrer dans la journée sur un des points quelconque du front. Aussi l'armée fit-elle bien de se mettre en mouvement déjà à deux heures du matin, après avoir pris le café. Elle évitait aussi par là la chaleur excessive du jour.

C'est dans ces conditions-là que se heurtèrent, le 24, les deux armées, toutes deux en intention d'offensive, mais ne s'attendant ni l'une ni l'autre à livrer une grande affaire dans cette journée même.

Le succès devait appartenir à celui qui saurait le plus vite transformer son ordre de marche en ordre de combat.

CHAPITRE VI

—

BATAILLE DE SOLFERINO. — INDICATIONS GÉNÉRALES

(24 juin 1859)

La bataille de Solferino n'offre pas les péripéties dramatiques de mainte autre affaire même moins importante. C'est une action simple, en somme, se répartissant en cinq à six actions spéciales. C'est-à-dire que, dès les premières heures du combat, presque toutes les troupes d'une et d'autre part se trouvaient en face de l'ennemi et plus ou moins engagées. Le développement des faits ne ressemble pas aux complications, par exemple, de Castiglione, en 1796, de Marengo, d'Eylau, ou même de Magenta, où l'arrivée d'un corps impatiemment attendu devait changer en succès une perspective plus ou moins prononcée de défaite.

On peut diviser la bataille de Solferino en deux périodes principales, soit en deux *moments*.

Le *premier moment* est celui des combats résultant immédiatement de la rencontre fortuite, avant qu'une direction supérieure soit intervenue pour modifier les ordres de marche et pour donner de l'ensemble aux attaques séparées.

Le *second moment* est celui qui commence lorsque l'action devient générale et concertée. Il peut se diviser lui-même en deux périodes : celle de l'offensive française au centre et celle de l'offensive autrichienne à la gauche.

Les Sardes et le 8e corps autrichien font, en quelque sorte, une bataille à part (1).

En résumé, on peut décrire les événements de la journée par quelques mots, en disant :

Les deux armées, à peu près d'égale force et sur un front presque égal, s'avancent l'une contre l'autre sans se douter de leurs situations réciproques; elle se rencontrent sur la ligne San-Martino, Solferino, Guidizzolo, Medole.

L'armée autrichienne continue à poursuivre l'exécution de son plan combiné d'avance contre la droite française; elle laisse ses masses à la gauche et se borne à rassembler un peu plus ses forces, tentative de concentration qui lui réussit fort mal.

L'armée alliée, aux premiers coups de feu, se resserre instinctivement sur son centre, et l'empereur n'a qu'à accélérer et renforcer ce mouvement, qui s'exécute avec assez de précision, quoique un peu lentement. Trois corps français attaquent *simultanément* la position de Solferino et San-Cassiano, et percent le centre du front autrichien, qui, bien qu'occupé aussi par trois corps, n'est défendu que *successivement* par eux.

En même temps, les quatre corps autrichiens affectés à l'aile gauche échouent contre deux corps français, parce qu'ils ne parviennent pas à réunir leurs efforts et à agir en commun. Un corps, qui devait porter un coup décisif, ne parvient pas même au champ de bataille.

A la droite autrichienne, le 8e corps, qui agit seul et qui n'a mission que d'arrêter la marche de l'ennemi, réussit mieux à remplir sa tâche. Il retient les Sardes jusqu'à la nuit; mais cet avantage relatif ne peut exercer d'influence sur le

(1) Aussi les Sardes, avec assez de raison, donnent à l'action du 24 juin, dans leurs rapports officiels, le nom de *bataille de Solferino et San-Martino*. Pour abréger, nous ne prenons que la première partie de la désignation.

résultat de la journée dès que les Autrichiens ont manqué leur attaque de gauche et laissé percer leur centre.

Aussi la prise de Cavriana les force à se retirer définitivement du champ de la lutte et à repasser le Mincio.

Après cet aperçu sommaire sur la bataille, il sera plus facile à nos lecteurs de suivre le fil des actions particulières.

CHAPITRE VII

—

BATAILLE DE SOLFERINO. — PREMIER MOMENT

(24 juin 1859)

Le 24, de grand matin, les alliés se mirent en marche. D'après l'ordre général donné par l'empereur, le 23 au soir :

L'armée du roi devait se porter sur *Pozzolengo ;*

Le maréchal Baraguey d'Hilliers sur *Solferino;*

Le maréchal duc de Magenta sur *Cavriana;*

Le général Niel sur *Guidizzolo;*

Le maréchal Canrobert sur *Medole;*

La garde impériale devait se diriger sur *Castiglione;*

Les deux divisions de cavalerie de la ligne devaient se porter dans la plaine *entre Solferino et Medole.*

ACTION DU CENTRE (1er ET 2e CORPS)

Le 1er corps (Baraguey d'Hilliers) se mit en marche, à l'heure indiquée, d'Esenta dans la direction de Solferino. Sa 2e division (Ladmirault), avec quatre pièces d'artillerie, partit à deux heures du matin par le chemin de la montagne.

A trois heures du matin, les divisions Forey et Bazaine, avec leur artillerie, l'artillerie de réserve et les bagages partirent par le chemin de la plaine, qui longe, au pied des collines, la chaussée de Mantoue.

Le 2e corps (Mac-Mahon) déboucha de Castiglione à trois

heures du matin et s'avança en une seule colonne sur la grande route de Mantoue, ayant quelques centaines de pas d'avance sur le gros de Baraguey d'Hilliers, ainsi que sur Niel, qui marchaient sur ses flancs.

Vers cinq heures du matin, les têtes de colonne des deux premiers corps, formant le centre de l'armée, rencontrèrent les avant-postes ennemis et s'engagèrent sur trois ou quatre points presque en même temps.

Les avant-gardes du 1er corps, formées du 74e de ligne, commencèrent à tirailler sur les coteaux du mont Valscura, où se trouvaient les postes du bataillon frontières Ogulin, de la brigade Bils du 5e corps (Stadion). Ceux-ci se replièrent sur les grand'gardes au Grole, où la résistance devint plus vive. Néanmoins deux bataillons du 74e s'avancèrent résolûment et emportèrent ce petit village.

Plus à gauche, la 2e division avait aussi rencontré l'ennemi sur les mamelons boisés qui se trouvent entre Barche de Castiglione et Barche de Solferino, où le régiment Kinsky occupait une position faisant suite vers le nord à celle du mont Fenile. Ralliant alors sa division dans la vallée, le général Ladmirault la disposa prudemment en trois colonnes : il confia celle de droite, composée de deux compagnies de chasseurs et de quatre bataillons, au général Douay; celle de gauche, de même force, au général Négrier, et se réserva pour lui-même la colonne du centre, forte de quatre compagnies de chasseurs, quatre bataillons et l'artillerie.

Le général Forey ayant organisé aussi ses colonnes, les deux divisions s'avancèrent l'une contre le mont Fenile, l'autre contre les gradins de Barche. La brigade Bils ne fit pas sur ce point une forte résistance. Les deux positions furent enlevées sans beaucoup de peine par l'infanterie. Le mont Fenile fut occupé par le 84e de ligne, et l'artillerie vint aussitôt s'y établir. La 6e batterie du 8e régiment ouvrit de là un feu qui protégea les mouvements ultérieurs en avant, et la 1re brigade (général Dieu) put se mettre à la poursuite de l'ennemi qui se retirait de crête en crête vers Solferino, où se trouvait le gros du 5e corps. L'artillerie de Forey, prenant aussi des positions favorables, put enfin diriger son tir contre la tour de Solferino et contre un mamelon garni de cyprès, d'où les Autrichiens canonnaient vivement les colonnes de la brigade Dieu. Là, les Français durent s'arrêter, car ils se trouvaient cette fois en face de forces plus respectables : la brigade Puchner était accourue au soutien de Bils. En outre, le général Dieu, gravement blessé, avait dû remettre son commandement au colonel Cambriels, du 84e.

A gauche, les choses se passaient à peu près de même pour la 2e division. Les mamelons de Barche de Solferino furent enlevés promptement; l'artillerie put se mettre en position et faciliter la tâche de l'infanterie. Mais, arrivé en vue des hauteurs de Solferino même et exposé aux feux croisés du mamelon aux cyprès et d'un cimetière crénelé, placé en face de l'autre côté du vallon, Ladmirault dut également faire halte. Lui aussi fut blessé, mais il reprit son commandement après s'être fait panser.

Plus à droite, le 2e corps n'avait également pas tardé à rencontrer l'ennemi. Les chasseurs à cheval du général Gaudin de Villaine le signalèrent vers quatre heures du matin à 6 ou 7 kilomètres en avant de Castiglione. Les grand'gardes du 3e corps (Schwarzenberg) étaient groupées autour de la ferme Casa-Morino sur la route même, à moitié chemin à peu près de Castiglione à Guidizzolo. Vers cinq heures, la fusillade s'engagea dans cette localité entre les tirailleurs des deux armées.

Le maréchal Mac-Mahon, en se portant de sa personne sur l'éminence dite Monte-Medolano pour reconnaître le terrain ainsi que les forces de l'ennemi, put s'assurer qu'il aurait affaire à des masses avec lesquelles il fallait compter.

Il voyait devant lui, du côté de Cavriana, un mouvement de troupes autrichiennes couronnant successivement toutes les hauteurs qui s'étendent entre Cavriana et Solferino. En outre, à cette même heure (cinq heures), le canon, grondant sur la gauche, annonçait que Baraguey d'Hilliers était déjà aux prises.

La situation demandait réflexion.

Marcher au canon du côté de Solferino fut sans doute le premier sentiment du chef qui avait montré tant de résolution à Magenta. Mais la même appréciation stratégique qui, le 4 juin, l'avait fait opérer si énergiquement quand il était isolé, lui commandait d'autres mesures dès qui'l faisait partie d'une opération d'ensemble. Avant d'abandonner, de son initiative, la place qui lui était assignée dans l'ordre général de marche, le duc de Magenta devait penser à combler le vide qui s'ensuivrait. Sans cela, cette lacune pourrait être utilisée par l'ennemi, débouchant entre le 2e corps et Niel, pour couper en deux l'armée alliée. Mac-Mahon fit donc halte et s'empressa de s'enquérir de la situation du 4e corps, qui ne devait pas tarder d'arriver à hauteur de Medole, sur la droite, mais dont on ne voyait pas encore les colonnes.

Le maréchal ayant envoyé son chef d'état-major, général Lebrun, dans cette direction, il ne lui restait qu'à attendre, et il attendit en effet environ deux heures. Ces heures durent être assez pénibles pour le 2e corps; car, pendant ce temps, les mouvements de troupes ennemies augmentaient aussi continuellement devant lui et le combat semblait s'animer de plus en plus du côté de Solferino.

Surpris par la fusillade des tirailleurs, les bivouacs autrichiens avaient pris les armes; les troupes s'étaient formées et étaient parties à la hâte, devançant de quelques heures le moment du départ fixé la veille et n'ayant, pour la plupart, pris aucune nourriture. Le 1er corps (Clam-Gallas), qui était entre Volta et Cavriana, serra sur le 5e à Solferino, suivi du 7e campé à Foresto. Le 3e et le 9e se concentrèrent en avant de Guidizzolo, et le 11e s'avança de Castel-Grimaldo.

Vers sept heures, le commandant du 2e corps français fut avisé que le général Niel arrivait devant Medole, et qu'il se porterait à gauche aussitôt qu'il aurait pu s'emparer de cette localité et s'assurer à son tour que le maréchal Canrobert obliquerait aussi à gauche.

Mais, jusqu'au moment où s'effectuerait la jonction annoncée, les forces de Schwarzenberg pouvaient devenir plus nombreuses et plus menaçantes. Il convenait de ne pas les laisser à leur aise choisir leurs positions. Aussi Mac-Mahon fit attaquer vers huit heures et demie la Casa-Morino, qui offrait une bonne position pour tenir la plaine de Guidizzolo et pour augmenter la force du front du 2e corps, porté à hauteur de cette ferme.

Les dispositions suivantes furent ensuite prises :

La 2e division, qui marchait en tête du corps d'armée, fut déployée en avant de la ferme, perpendiculairement à la route de Mantoue, sa droite à cette route. A sa hauteur, et prolongeant la ligne de bataille, fut placée la 1re brigade de la 1re division, sa gauche à la même route, sa droite se dirigeant vers Medole, par où devait venir le 4e corps. La 2e brigade de la 1re division, formant la réserve du corps d'armée, fut établie en arrière de Casa-Morino, vers la ferme de Barcaccia, pour tenir tête aux colonnes de cavalerie qui, de San-Cassiano, menaçaient de faire une trouée entre le 1er et le 2e corps. La cavalerie de réserve, formée du 7e régiment de chasseurs, couvrit de ce même côté la gauche de la 2e division. Les deux divisions de cavalerie Partouneaux et Desvaux, qui étaient annoncées, devaient se porter à la droite et établir la communication avec le 4e corps, en couvrant l'espace étendu de plaine qui sépare Medole de Monte-Medolano.

Ces sages dispositions ne furent rien moins que superflues.

A peine étaient-elles prises qu'une forte colonne autrichienne, venant de Guidizzolo par la route de Mantoue, s'avança sur Casa-Morino. Le lieutenant-feld-maréchal Schwarzenberg avait lancé, croyons-nous, sa 1re division, appuyée à droite de troupes du 1er corps et précédée d'une trentaine de bouches à feu. Celles-ci vinrent résolûment se mettre en batterie à un millier de mètres du front français.

La vaillante artillerie du maréchal Mac-Mahon ne pouvait pas rester en dette de politesse. Ses quatre batteries divisionnaires se portèrent au galop sur la ligne des tirailleurs, et bientôt une canonnade très-vive s'engagea, remplissant d'une épaisse fumée l'intervalle des lignes ennemies. De graves pertes furent essuyées de part et d'autre dans ce combat prolongé d'artillerie, lutte plutôt d'amour-propre que de profits réels, et pendant laquelle l'infanterie était inactive. Les Autrichiens eurent plusieurs pièces démontées; deux de leurs caissons sautèrent. Les Français, outre un grand nombre d'hommes et d'attelages hors de combat, subirent une perte bien sensible, à savoir celle du général Auger, couché à terre par un boulet qui lui emporta tout le bras gauche (1). Cependant le feu des Autrichiens fut le premier à se ralentir; leurs pièces se reportèrent bientôt en arrière, ne lâchant plus que quelques rares bordées sur les tirailleurs qui les suivaient.

Dans ces entrefaites, les divisions de cavalerie Partouneaux et Desvaux entraient en ligne à la droite et balayaient ce terrain des détachements du 9e corps autrichien, qui déjà cherchaient à y pénétrer. Avec autant d'à propos que de hardiesse, les batteries à cheval de ces divisions se portèrent promptement en avant du front et ouvrirent un feu d'écharpe très-efficace sur l'artillerie autrichienne, aux prises avec le

(1) Ce brave et habile officier mourut quelques jours plus tard de sa blessure, après avoir subi deux amputations avec un grand courage.

2ᵉ corps. Le commandant autrichien ayant envoyé un bataillon et quelques tirailleurs pour faire taire cette artillerie si meurtrière, les escadrons de Partouneaux, puis de Desvaux eurent alors l'occasion d'exécuter plusieurs charges heureuses, auxquelles la cavalerie autrichienne essaya vainement de résister; celle-ci était, du reste, très-inférieure en nombre et disséminée en outre de la manière la plus déplorable.

Dans une de ces charges, le général Desvaux enveloppa un bataillon ennemi et le rejeta sur les tirailleurs du 2ᵉ corps, qui le firent prisonnier.

Tandis que ces beaux débuts de la cavalerie rassuraient le maréchal Mac-Mahon sur ses communications avec le 4ᵉ corps, celles avec le 1ᵉʳ corps, obligé de se concentrer vers le mont Fenile, étaient à leur tour gravement compromises. La division de cavalerie Mensdorf s'était avancée de Tezze, et une colonne d'environ deux régiments cherchait à tourner la gauche du duc de Magenta. Les bataillons de gauche de la 2ᵉ division (11ᵉ bataillon de chasseurs, 72ᵉ de ligne) se formèrent aussitôt en carré, pendant que le colonel Savaresse, à la tête de deux escadrons du 4ᵉ chasseurs et de quatre escadrons du 7ᵉ chasseurs, soutenait héroïquement les charges de la cavalerie autrichienne. Celle-ci, ne pouvant espérer de passer outre, dut se replier, et sa retraite n'eut pas lieu sans désordre ni sans de rudes échecs occasionnés par les charges des chasseurs français, par le feu des bataillons et par celui de l'artillerie.

C'est ainsi que, par un emploi combiné des trois armes, le maréchal Mac-Mahon put obtenir pendant plusieurs heures le succès relatif de tenir l'ennemi à distance, quoique celui-ci comptât des troupes de deux corps (Schwarzenberg et Clam-Gallas). En revanche, l'artillerie et la cavalerie autrichienne étaient fort inférieures à celles des Français.

Jusque-là, en somme, aucun résultat sérieux n'avait été

obtenu sur ce point. De part et d'autre, on avait canonné, tiraillé, chargé, en conservant presque toujours le même terrain et sans que rien de décisif se fût accompli.

Vers onze heures enfin, le maréchal Mac-Mahon fut avisé que le 4e corps était en mesure de se relier au 2e, et il prit aussitôt ses dispositions pour marcher dans la direction de Solferino, où le combat se soutenait avec animation.

Six heures avaient ainsi été employées par le 2e corps à attendre que l'ordre de marche primitivement fixé pût se transformer en disposition de combat. Mais, comme on l'a vu, ces heures, quoique pénibles et meurtrières, ne furent point perdues.

Laissons maintenant marcher le 2e corps au second *moment* de la bataille, où nous le retrouverons, et voyons ce qui s'était passé un peu plus au sud.

ACTION DE LA DROITE ALLIÉE (4e ET 3e CORPS)

Le 4e corps (Niel) se mit en route, de Carpenedolo à Medole, à trois heures du matin, sur une seule colonne. En tête marchaient la division Vinoy, les batteries et le parc de réserve, et en queue la division de Failly. Deux escadrons de chasseurs du 10e régiment éclairaient la marche sous les ordres du général de Rochefort. La colonne s'étendait ainsi sur un long espace et avançait lentement, ne pouvant cheminer à droite et à gauche de la route à cause des cultures et des fossés. Les deux divisions de cavalerie Partouneaux et Desvaux avaient été adjointes au 4e corps pour couvrir sa gauche, et marchaient par la route de Mantoue, derrière le 2e corps.

Vers six heures du matin, les escadrons du général de Rochefort rencontrèrent des uhlans autrichiens de la division Zedwitz (brigade Lauingen) à 2 kilomètres en avant de

Medole, qui, après quelques charges réciproques, se replièrent sur le village. Medole était occupé par deux bataillons d'infanterie du régiment archiduc François-Charles (9e corps), qui paraissaient vouloir s'y défendre sérieusement. Mais le général de Luzy, arrivant avec toute sa division, fit entourer le village des deux côtés de la route par des bataillons d'infanterie sous les ordres des généraux Lenoble et Douay, et fit canonner, au centre, les premières maisons qu'occupaient les tirailleurs autrichiens. Bientôt après, les mouvements de flanc étant bien prononcés, le général de Luzy donna le signal de l'attaque au centre, fit battre la charge et s'avança lui-même à la tête d'une forte colonne d'infanterie. Une lutte acharnée eut lieu; mais à sept heures Medole était au pouvoir du 4e corps. Les Autrichiens se retirèrent vers Guidizzolo, abandonnant quelques prisonniers et deux canons.

De Medole la brigade Douay suivit les arrière-gardes du régiment François-Charles sur Rebecco et Guidizzolo, tandis que trois autres bataillons de la division de Luzy se jetaient à droite, dans la direction de Ceresara, où se montraient des détachements de cavalerie. La brigade Douay se trouva bientôt en face de forces supérieures devant Rebecco et dut arrêter sa marche pour attendre les autres divisions plus en arrière. La division Vinoy ayant débouché de Medole, le général Niel la porta en avant vers la route de la plaine, où l'avaient déjà précédée huit pièces de la division de Luzy. De nombreux engagements de tirailleurs eurent lieu dans les fourrés et autour d'une ferme nommée Casa-Nova, sur la droite de la grande route de Goïto, à 2 kilomètres de Guidizzolo. Plusieurs fois cette maison fut prise et reprise avec acharnement et pendant toute la journée on se battit dans ses alentours.

De ce terrain découvert le général Niel put voir la situation des troupes de Mac-Mahon, ainsi que les forces autrichiennes qu'elles avaient devant elles. Il forma, en conséquence, ses deux divisions en bataille et obliquement, de manière à se relier avec le 2e corps. Mais son artillerie et ses parcs, ainsi que la division de Failly qui piétonnait derrière les voitures, n'avaient pas encore débouché de Medole. Le général Niel dut subir un temps d'arrêt assez long avant de pouvoir aller plus avant. L'artillerie, au fur et à mesure qu'elle débouchait du village, fut envoyée à la gauche et les deux divisions de cavalerie vinrent prendre place derrière elle, plus à la gauche encore. Moyennant ces dispositions, Niel pouvait attendre l'arrivée de la division de Failly, ainsi que des troupes du maréchal Canrobert, averties du mouvement général vers la gauche et de l'urgence qu'il y avait aussi pour le 3e corps à le suivre.

Le 3e corps (Canrobert) était parti de Mezzane à 2 heures et demie du matin, se dirigeant sur Medole. Il avait passé la Chiese à Visano, où le génie piémontais avait jeté un pont pendant la nuit, sous la protection de la brigade Jannin, de la division Renault. Le chemin était difficile; en outre le 3e corps, à l'extrême droite, avait la mission d'éclairer et de couvrir le flanc de l'armée; de sorte qu'il ne chemina que lentement et en fouillant tous les chemins de traverse. En tête marchait la brigade Jannin; puis venaient la brigade Picard, la division Trochu et la division Bourbaki.

Il était sept heures quand les premières colonnes de Jannin, qui avaient cependant passablement d'avance sur le reste du corps, arrivèrent devant Castel-Goffredo. Cette petite ville, fermée de murailles, était occupée par quelques détachements de hussards de la brigade Vopaterny (division Zedwitz), garnison qu'on trouvera, sans doute, assez mal appropriée à la *défense* d'une place. Les portes étaient fermées et barricadées. Le général Jannin tourna la ville du côté du sud pour y pénétrer par la porte de Mantoue ; le général Renault se plaça à la tête de troupes qui devaient attaquer de front, et la porte du côté d'Acqua-Fredda fut abattue à coups de hache par le génie. Les hussards du 2e régiment, composant l'escorte du maréchal, sous le commandant Lecomte, chargèrent les hussards autrichiens dans les rues mêmes de la ville.

Continuant sa route, la tête de colonne du 3e corps arriva vers neuf heures un quart à Médole et, bientôt après, le maréchal Canrobert apprit dans ce village que le 4e corps, qui était un peu plus en avant, était engagé avec l'ennemi. Son aile droite, entre autres, formée de la division de Luzy, avait à soutenir des attaques sérieuses et menaçait d'être tournée. Aussi elle demandait au 3e corps de venir l'appuyer. Le général Niel croyait aussi devoir faire une demande semblable pour son centre.

Mais les instructions du maréchal Canrobert, qui lui prescrivaient de porter toute son attention sur la droite, ne lui permettaient pas de diriger, sans mûr examen, son corps vers la gauche. En outre, au moment même où le commandant du 4e corps réclamait l'appui du maréchal Canrobert, celui-ci recevait une lettre de l'empereur l'avisant qu'un corps de 25 à 30,000 Autrichiens était sorti de Mantoue la veille, et que ses avant-postes étaient au village d'Acqua-Negra. Ces renseignements pouvaient être corroborés par le témoignage du général de Luzy lui-même, qui avait vu une colonne considérable passer de sa gauche vers sa droite, ainsi que par des renseignements venant de gens du pays et par une longue traînée de poussière, que le maréchal Canrobert remarquait dans la direction d'Assola, en mouvement vers Acqua-Fredda.

Néanmoins, pour faire face aux exigences de la situation,

le maréchal envoya aussitôt le général Renault avec cinq bataillons à l'appui du général de Luzy, sur la route de Ceresara.

A dix heures et demie du matin ces bataillons prenaient position à la droite du 4e corps, ce qui fit sans doute que le général Niel, comme nous l'avons vu, put annoncer avant onze heures au maréchal Mac-Mahon qu'il était en mesure de suivre le mouvement du 2e corps vers la gauche.

ACTION DE LA GAUCHE ALLIÉE (SARDES)

Il est temps que nous examinions aussi ce qui se passait sur l'extrême gauche alliée où s'avançait l'armée du roi, chargée en quelque sorte, dans cette journée, d'une opération indépendante.

Quatre divisions, la 1re (Durando), la 2e (Fanti), la 3e (Mollard), la 5e (Cucchiari) devaient prendre possession des massifs de Pozzolengo et des environs de Peschiera, tandis que la 4e division (Cialdini) et les chasseurs de Garibaldi avaient été, on le sait, affectés à la surveillance des passages des Alpes (1).

(1) Les relations autrichiennes, par exemple celle de l'*Almanach militaire* du docteur Hirtenfeld, prétendent, en vue de grandir la gloire du lieutenant feld-maréchal Benedeck, qui combattit sur ce point, qu'il avait contre lui 5 divisions sardes, et elles mentionnent entre autres une division la Marmora. Or, on sait assez que ce général, alors ministre de la guerre, était attaché à la personne du roi, avec la perspective de commander, en cas de besoin, un corps de plusieurs divisions (ce qu'il fit en effet à la fin de la journée du 24 juin), mais qu'il n'avait point de division.

Un illustre écrivain français, voyageant actuellement en Italie pour tracer l'histoire de Garibaldi et des chasseurs des Alpes, vient d'adresser de Milan, au *Siècle*, une de ces lettres piquantes, comme lui seul sait en écrire, et qui pourrait aussi accréditer l'opinion autrichienne que Benedeck a eu sur les bras cinq divisions sardes. M. Alexandre Dumas, en présentant ses compliments au général Cialdini, parle de la brillante carrière militaire de ce général et, entre autres, de ses faits d'armes sept fois renouvelés à San-Martino. Le célèbre romancier joue ici de malheur; car Cialdini, nous le répétons, est le seul divisionnaire sarde qui n'ait pas participé à cette bataille.

A cet effet, les 1re, 5e et 3e divisions s'avancèrent chacune séparément par des chemins de montagne, le 24 au matin, la 2e restant pour le moment en réserve à Lonato. La 1re, qui occupait la droite, fit partir sa 1re brigade (grenadiers) à 4 heures du matin de Lonato pour Castel-Venzago; la 2e brigade (Savoie) devait suivre trois heures plus tard.

Arrivée entre Venzago et Madona-della-Scoperta, la 1re brigade se fit précéder d'une reconnaissance sous les ordres du colonel Casanova, qui devait explorer le chemin de Pozzolengo. Bientôt celle-ci rencontra les avant-postes autrichiens de la brigade Reichlin, autour de Madona et de la ferme de Casellin-Nuovo. Les feux commencèrent aussitôt entre le 3e bataillon de bersagliers et les tirailleurs autrichiens. Le 1er régiment de grenadiers, soutenu par deux sections de la 10e batterie et par un escadron de chevau-légers Alexandrie, s'avança à la baïonnette et fit d'abord replier l'ennemi sur les coteaux de Madona; mais là les Autrichiens trouvèrent du secours qui leur permit de faire front et même de prendre à leur tour l'offensive. L'aile droite du 5e corps, porté en avant de Solferino, venait prendre part à l'action.

De son côté, le général Durando, qui s'était porté sur le mont Tiracollo pour observer le terrain, était averti par son chef d'état-major de ce qui se passait autour de Madona. Il donna aussitôt l'ordre d'acheminer sur Venzago la brigade de Savoie et lui-même l'y précéda. A Venzago il reçut avis d'un officier d'ordonnance de Sa Majesté que l'empereur insistait pour que les Sardes marchassent sur Solferino. En conséquence le général Durando fit aussitôt avancer le reste de la brigade de grenadiers au secours de son avant-garde, arrêtée sur la route même qui menait à Solferino. Ceux-ci s'élancèrent avec ardeur dans la mêlée; mais les Autrichiens avaient l'avantage des positions, et leurs colonnes augmentaient aussi en forces à chaque instant. Le 2e régiment de grenadiers, les 11e et 12e batteries, accourant à la hâte, ne purent guère que relever les troupes déjà engagées, et les aider à se maintenir dans la défensive. Quelques maisons de Madona furent prises et reprises plusieurs fois, mais en fin de compte les grenadiers de Sardaigne, déjà cruellement décimés par cette lutte prolongée, durent rétrograder jusqu'en arrière des fermes Casellin-Nuovo, San-Carlo-Vecchio et Porte-Rosse, afin d'y attendre le renfort de la brigade de Savoie, dont le général Durando faisait hâter la marche. Il était près de midi quand cette brigade entra en ligne (1) et changea la tournure du combat.

Plus à gauche, les 5e et 3e divisions, qui opérèrent aux côtés l'une de l'autre toute la journée, avaient une tâche difficile et périlleuse puisqu'elles devaient s'avancer vers Pozzolengo, resserrées entre la montagne et le lac.

De grand matin la 5e division (Cucchiari) détacha de son camp, entre Lonato et Desenzano, une reconnaissance sous les ordres du chef d'état-major lieutenant-colonel Cadorna, qui fut suivie par la division elle-même dès six heures et demie. Avec deux bataillons, un escadron de chevau-légers et une section d'artillerie, le lieutenant-colonel Cadorna s'avança par Desenzano, par la voie ferrée, puis par la voie Lugana, dans la direction de Pozzolengo, avec circonspection et en faisant battre tous les fourrés des alentours.

De son côté, la 3e division avait aussi envoyé de Desenzano quatre reconnaissances dans la direction de Peschiera. Les deux de gauche, fournies par la brigade Pinerolo, mar-

(1) Cette brigade devait partir à sept heures de Lonato; elle n'arriva, dit le rapport du chef d'état-major général, que vers midi. On ne dit pas comment il se fait qu'il lui ait fallu tout ce temps pour franchir les 2 petites lieues qui séparent Lonato de Madona.

chaient le long de la route du lac; les deux de droite, de la brigade Cuneo, suivaient la voie ferrée; celle de l'extrême droite, dirigée par le capitaine d'état-major de Vecchi, avec laquelle se trouvait le commandant de la division, marchait en queue de la colonne de la 5e division, commandée par le lieutenant-colonel Cadorna. Arrivée au delà de la route Lugana, la reconnaissance du capitaine de Vecchi tourna à droite dans la direction de Pozzolengo, et s'arrêta pour se rallier vers Corbu-Dessous, tandis que la seconde reconnaissance s'avançait sur la voie ferrée jusqu'à Feniletto (1).

Nulle part dans ces divers trajets les éclaireurs des 5e et 3e divisions n'avaient signalé l'ennemi, quoique en revanche le canon grondât de plus en plus fort du côté de Madona.

Mais arrivés sur les hauteurs de Pozzolengo, les bersagliers du lieutenant-colonel Cadorna se trouvèrent tout à coup en face des avant-postes de Benedeck, solidement établis autour de la ferme de Ponticello. Vers sept heures et demie, les premiers coups de feu furent échangés sur ce point et y ouvrirent un combat qui ne dura pas moins de treize à quatorze heures.

Les bersagliers du 8e bataillon firent d'abord replier les avant-postes des chasseurs tyroliens, mais ceux-ci, renforcés, s'avancèrent à leur tour, et le bataillon de bersagliers, quoique vigoureusement soutenu par celui du 11e de ligne, dut rétrograder. La reconnaissance avait, au reste, atteint son but en constatant que l'ennemi était en forces à Pozzolengo, et la retraite fut ordonnée; elle s'opéra d'abord lentement par les deux bataillons défendant le terrain pas à pas, et qui furent bien secondés par des feux en retraite de l'artillerie.

Mais les Autrichiens n'avaient pas tardé à reconnaître la

(1) On doit prendre garde aux divers *Feniletto* de cette contrée. Le *Feniletto* dont il est ici question est tout près de la voie ferrée de Peschiera.

situation critique de leurs adversaires, engagés dans les montagnes avec un lac à dos; aussi cherchèrent-ils sagement à faire effort contre la droite des troupes sardes pour les couper de leur ligne de retraite sur Desenzano. Deux bataillons tyroliens furent lancés par un ravin du val de Sole dans la direction de San-Donino, ce qui força le lieutenant-colonel Cadorna de se replier rapidement, afin d'échapper à un danger sérieux, qui eût menacé également les reconnaissances de la 3e division, encore plus étendues sur la gauche. A San-Martino, les troupes de la 5e division rallièrent quelques détachements de la 3e et purent prendre position pour se réorganiser. L'arrivée successive de deux bataillons des éclaireurs de Mollard permit même aux Sardes de reprendre un moment l'offensive sur ce point, et d'y arrêter l'ennemi assez de temps pour que les troupes lancées sur l'extrême gauche, du côté de Peschiera, pussent se replier vers Rivoltella.

Pendant ce temps, les généraux Cucchiari et Mollard, informés de la situation des choses, accouraient avec le gros de leurs divisions, et, tout en croyant n'avoir qu'à soutenir la retraite de reconnaissances un peu compromises, ils allaient se trouver engagés dans une grande bataille.

Vers neuf heures arriva, en premier lieu, la brigade Cuneo, de la 3e division, qui attaqua aussitôt les hauteurs de San-Martino.

Ainsi, aux environs de dix heures du matin, le combat était commencé sur tout le front des alliés, depuis le lac de Garda à Castel-Goffredo.

Nous examinerons maintenant comment tous ces engagements se relièrent en une action d'ensemble.

CHAPITRE VIII

—

BATAILLE DE SOLFERINO. — SECOND MOMENT

(24 juin 1859)

Nous allons reprendre le cours des événements de la journée, à l'heure où nous l'avons laissé dans le chapitre VII et en procédant avec le même ordre, c'est-à-dire en commençant par le centre, point décisif de l'attaque réussie des Français; en passant ensuite à la gauche autrichienne, point décisif de son offensive échouée, et en terminant par la gauche alliée, champ d'action spécial où de part et d'autre les parties peuvent prétendre à un succès relatif.

ACTION DU CENTRE

(1er corps, la garde, 2e corps français; 5e 1er et 7e corps autrichiens)

L'empereur Napoléon, qui se trouvait le 24 au matin à Montechiaro, se rendit en toute hâte à Castiglione aux premiers coups de canon. L'infanterie de la garde partit aussi à cinq heures de Montechiaro, et à la même heure l'artillerie quittait Castenedolo pour Castiglione. La cavalerie ne devait partir de Castenedolo qu'à neuf heures.

Il était sept heures environ quand l'empereur put, d'une éminence située près de Castiglione, juger de ce qui se passait devant lui. Le mouvement de troupes qu'on découvrait dans la plaine, et le bruit du canon qu'on entendait dans la montagne disaient assez que partout les alliés se trouvaient sérieusement en face de l'ennemi. Les premiers rapports des corps donnaient d'ailleurs les mêmes indications et annonçaient sur tous les points des forces adverses considérables.

Restait à savoir sur quelle partie de leur front les Autrichiens étaient les plus nombreux et les plus menaçants, et où ils se proposaient de faire un effort décisif. Un tel renseignement ne pouvait guère être obtenu au début de la journée, et cependant il eût été important de l'avoir pour ordonner les changements convenables aux instructions de la veille. L'empereur avait, dans cette incertitude, un triple problème à résoudre : Faut-il rallier l'armée sur le centre, sur la droite ou sur la gauche? De la réponse dépendraient, suivant sa nature, des conséquences très-diverses quant aux mouvements à ordonner et aux résultats à espérer. En outre, la solution devait intervenir promptement; dans des cas pareils le temps est un trésor, et à tout prix il fallait rassembler ces cinq corps isolés. Mais vers lequel d'entre eux marcheront tous les autres?... Grande question, qui portait en elle les destins de la journée!

Nous ne nous figurons pas de situation humaine plus solennelle que celle d'un souverain appelé à donner un ordre dans de telles circonstances. Soutenir avec calme l'épreuve d'une responsabilité aussi imposante et savoir en sortir par une résolution conforme aux bons principes nous paraît, sinon la marque infaillible du génie stratégique, — car on peut être heureux une fois, — au moins celle d'une grande force de caractère.

C'est ce qu'on peut dire de l'empereur Napoléon à Solferino. Il résolut, selon nous, le problème de la meilleure manière. A tous égards la concentration sur le centre était ce qu'il y avait de mieux à faire.

Rétrograder n'était pas possible.

Laisser les corps dans leur isolement respectif eût été, avec un adversaire tant soit peu habile, les livrer à une défaite à peu près certaine.

Concentrer les forces sur une des ailes exigeait, vu l'étendue du front, trois à quatre heures au moins et des marches de flanc devant l'ennemi.

La concentration sur la droite avait, en outre, l'inconvénient d'abandonner aux Autrichiens des hauteurs qui offraient de bonnes positions tactiques contre la plaine, et qu'il aurait fallu reprendre plus tard avec de lourds sacrifices.

La concentration sur la gauche eût jeté l'armée dans un terrain difficile et l'eût mise, soit par l'abandon de la plaine aux Autrichiens, soit par le voisinage du lac et des montagnes, dans une situation stratégique très-périlleuse.

La concentration en avant du centre, c'est-à-dire dans la zone s'étendant sur les dernières hauteurs et sur le commencement de la plaine, n'avait pas tous ces inconvénients. C'était le moyen à la fois le plus prompt, le plus simple et le plus juste d'échapper à un grand échec ou d'obtenir quelque succès.

Les ailes n'avaient, au plus, que la moitié du front à parcourir et pouvaient se rapprocher en avançant obliquement sans être astreintes à de longues marches de flanc.

Trois corps français, plus deux divisions sardes, devaient déjà se trouver à proximité de ce terrain, en vertu de leurs ordres de la veille.

Les hauteurs de Solferino et de Cavriana formaient de bonnes positions tactiques en elles-mêmes, sans compter qu'elles n'étaient d'ailleurs pas éloignées de la route de Mantoue, qu'il importait de couvrir.

Enfin il y avait lieu de présumer que les Autrichiens ne seraient pas très-forts au centre, puisqu'ils étaient signalés tout le long d'un front très-étendu, et puisqu'on savait même qu'un de leurs corps opérait un mouvement tournant jusqu'à l'Oglio.

C'est sans doute après avoir rapidement pesé ces diverses considérations de logistique, de tactique et de stratégie que l'empereur fit converger le gros de ses forces vers le centre, en désignant les hauteurs de Solferino et de Cavriana comme le but de leurs efforts.

La garde, qui débouchait de Castiglione par la route de Guidizzolo, eut ordre de se diriger à gauche pour appuyer le premier corps, et l'empereur, s'étant porté vers le corps de Mac-Mahon dans la plaine, lui enjoignit aussi de marcher, aussitôt qu'il le pourrait, dans la direction de San-Cassiano. Le général Niel et le maréchal Canrobert reçurent avis d'obliquer vers leur gauche (ce dernier avec la restriction connue) et, en attendant qu'ils aient pu donner la main à la droite de Mac-Mahon, la cavalerie de la garde dut hâter sa marche et venir prendre place dans l'intervalle pour les relier entre eux. Le roi Victor-Emmanuel reçut aussi l'ordre de faire converger à droite ses divisions vers la gauche du premier corps sur Solferino.

Ces dispositions étaient aussi simples que justes, mais l'exécution rencontra maintes difficultés.

Nous avons déjà vu et nous verrons encore que le 2e corps fut longtemps retenu en place avant de pouvoir s'avancer sur San-Cassiano, et que les divisions sardes ne purent également pas se réunir sur le centre.

Après avoir donné ses instructions au duc de Magenta, l'empereur se rendit sur les hauteurs au centre de la ligne de bataille, où le maréchal Baraguey d'Hilliers luttait dans un terrain des plus difficiles contre les troupes de Stadion.

Le 1er corps français était arrivé sous le feu des plus fortes positions autrichiennes, c'est-à-dire devant la tour de Solferino, le mamelon aux cyprès, le cimetière et le château, qui étaient en état de défense et bien munis d'artillerie. Tout le 5e corps s'y était rassemblé, renforcé des têtes de colonnes de Clam-Gallas.

La division Ladmirault, lancée d'abord dans la direction du cimetière, fut repoussée à plusieurs reprises et avec de nombreuses pertes; son chef, frappé d'une seconde balle, dut remettre son commandement au général de Négrier. L'énergique résistance des Autrichiens força le maréchal à engager aussi la division Bazaine à l'appui de la division Ladmirault. Le 1er régiment de zouaves se lança en avant avec son ardeur habituelle, suivi bientôt du 34e de ligne, puis du 37e; mais ce fut en vain; les cadavres s'entassaient sans résultat sur cet espace rétréci de terrain, battu de tous côtés. Les murs du cimetière, flanqués des feux du mamelon aux cyprès, bravaient tous les efforts; les Autrichiens purent même bientôt opérer des mouvements offensifs, devant lesquels il fallut céder. Les braves de Marignan reculaient, laissant le sol jonché de leurs corps.

Pendant ce temps la division Forey s'avançait, sous les yeux de l'empereur, contre le mamelon aux cyprès. Soutenue par le feu des batteries divisionnaires, la brigade d'Alton, appuyant à droite, se porta résolûment en avant. La brigade était déployée par bataillon, à demi-distance en colonne par peloton et accompagnée de quatre pièces de la réserve. Assaillie par un violent feu de front et d'écharpe, elle dut aussi se replier.

Cependant les batteries françaises avaient pu prendre une position un peu plus avancée et plus favorable, et à ce même moment l'empereur ordonnait à la garde d'entrer aussi en ligne. La brigade Manèque, des voltigeurs, saluée de vigoureuses acclamations, vint se déployer aux côtés et en arrière de la 1re division. La division de grenadiers se plaça à 500 mètres en arrière des voltigeurs, en colonne double par division à distance de déploiement. Pour seconder une nouvelle attaque du mamelon de la tour, deux bataillons de voltigeurs durent tourner du côté de la plaine. Ce mouvement s'exécuta avec élan et précision. Aux cris de « Vive l'empereur! » et au son de tous les tambours et clairons, les troupes de Forey et de Camou assaillirent de front et de flanc la position si bien défendue.

L'artillerie de la garde vint y aider à point donné, en renforçant la canonnade du 1er corps, ce qui fit bientôt taire les batteries autrichiennes les plus avancées. Il s'ensuivit une lutte opiniâtre et acharnée d'infanterie sur les coteaux du mamelon; plus d'une fois les Autrichiens chargèrent avec fureur les assaillants et les obligèrent à rétrograder; mais ceux-ci, remontant courageusement, continuaient à gagner du terrain vers le sommet.

Cette offensive devait naturellement faciliter celle opérée plus à gauche par le maréchal Baraguey d'Hilliers. Lui aussi faisait des progrès. Le silence des batteries du mamelon aux cyprès lui avait permis de faire avancer une batterie du 10e régiment jusqu'à 200 mètres du cimetière. Concentrant encore le tir d'autres pièces des divisions sur ce point, ainsi que sur les murs du château et sur les premières maisons, il fit ouvrir des brèches qui délogèrent une partie des défenseurs et qui devaient ouvrir les voies aux attaques ultérieures. Le bataillon Lafaille, du 78e, parvint à emporter le cimetière, et, après ce premier succès, les deux divisions Bazaine et Ladmirault, battant la charge, se précipitèrent à l'assaut du village et du château, qui furent enfin enlevés.

Au même instant la division Forey et les voltigeurs arrivaient de trois côtés au sommet de la tour et du mamelon aux cyprès et y plantaient leurs drapeaux victorieux. Il était près de trois heures.

Le 5e corps autrichien faisant avancer sa dernière réserve, régiment Reischach, essaya encore un retour offensif désespéré, comptant sur l'appui du 1er corps. Mais mal secondé par les troupes de Clam-Gallas, arrêtées dans leur marche, le 5e corps avait affaire à trop forte partie. Il dut se résigner à rétrograder, entraînant aussi le 1er corps. La retraite fut couverte par d'énergiques attaques du régiment Reischach, qui causèrent des vides sensibles dans les rangs des voltigeurs de la garde entre autres. Le 7e corps autrichien arrivait au moment même, c'est-à-dire trop tard pour sauver Solferino; mais il pouvait contribuer à soutenir la retraite. L'empereur Napoléon dut porter en avant la division des grenadiers qui, secondant les voltigeurs, acheva la prise de possession de Solferino. Vu les attaques du côté de la plaine, le 5e corps fut rejeté dans les montagnes et prit sa direction de retraite sur Pozzolengo, tandis que le 1er se retira sur Cavriana.

Un premier et important succès venait ainsi d'être acquis par les Français. La faute que commettaient les Autrichiens par leur retraite excentrique leur en promettait d'autres encore.

Malgré cette chaude action sur son front, Baraguey d'Hilliers n'avait pas négligé d'entretenir ses communications avec la droite des Sardes. En faisant placer à propos une batterie, il avait même préservé ceux-ci d'un mouvement tournant dont les menaçait une colonne autrichienne.

Au delà du village et du vallon de Solferino s'élèvent, en face de la tour, de nouvelles rampes en hémicycle, favorablement disposées pour une bonne défense. Les Autrichiens, en se retirant, garnirent ces crêtes de troupes et d'artillerie; il était important de ne pas leur laisser le temps de s'y concentrer. Aussi les voltigeurs du général Manèque et une partie des grenadiers furent promptement lancés contre ces positions et parvinrent encore à s'en emparer. La division Forey fut portée aussi par les crêtes dans la direction de Cavriana, tandis que la division Bazaine et une partie de la garde marchèrent sur ce village par la plaine. L'artillerie de la garde et celle du 1er corps, sous le commandement des généraux de Sévelinges et Forgeot, purent prendre, pendant ce temps, des positions successives sur les crêtes d'où elles firent beaucoup de mal aux colonnes en retraite. Toujours en combattant contre les arrière-gardes autrichiennes, la brigade Manèque arriva ainsi, vers quatre heures du soir, à quelque distance de Cavriana, position assez forte, munie de vieilles fortifications et d'un château, et où l'ennemi pouvait par conséquent renouveler la lutte qu'il avait soutenue d'une manière si acharnée à Solferino.

Une faible partie du 5e corps, le 1er et le 7e corps, ce dernier encore intact, y avaient pris position.

En revanche, la tâche du 1er corps français et de la garde allait être facilitée par le concours du corps de Mac-Mahon, du côté de la plaine.

Pendant que l'empereur dirigeait sur Cavriana le 1er corps et la garde à la fois par la montagne et par San-Cassiano, le duc de Magenta s'approchait aussi de ce même point.

Nous avons laissé le 2e corps au moment où, assuré sur sa droite par le mouvement oblique de Niel et par l'arrivée des divisions de cavalerie, il se mettait en devoir de converger par sa gauche sur Solferino.

Il était environ deux heures et demie quand la division la Motterouge, tenant l'aile gauche du corps, se mit en marche vers les hauteurs. Elle rencontra bientôt les voltigeurs de la garde; tout le 2e corps faisant, dans chaque bataillon, tête de colonne à droite, se porta en avant, d'abord sur San-Cassiano, puis sur les autres positions que l'ennemi occupait dans la plaine.

Le 7e corps autrichien, ralliant les débris du 1er et du 5e, avait pris, sous les yeux de l'empereur François-Joseph, des positions concentrées autour de Cavriana, avec des postes dans toutes les fermes en avant. San-Cassiano même n'était pas pourvu de nombreux défenseurs. Après quelques coups de fusil, ces troupes se replièrent devant les tirailleurs algériens et devant le 45e de ligne, qui avaient tourné le village à droite et à gauche. Les tirailleurs appuyèrent ensuite à gauche pour se porter sur le contre-fort principal qui relie San-Cassiano à Cavriana, et qui était fortement occupé. Le premier mamelon, sur lequel se trouvait une espèce de redoute, fut enlevé par les tirailleurs; mais trouvant ensuite devant eux des forces considérables, ils ne purent aller plus loin pour le moment et durent s'arrêter pour attendre de l'appui. Des colonnes de la garde, arrivant à pas rapides, se montraient un peu plus en arrière sur la gauche.

En même temps qu'il progressait ainsi sur les hauteurs, le maréchal Mac-Mahon n'était pas sans quelques craintes pour ses communications avec le général Niel, car l'ennemi cherchait de nouveau à pénétrer dans l'intervalle entre les deux corps. Fort heureusement, la cavalerie de la garde, qui était arrivée au 2e corps vers deux heures et demie (1) et qui, formée en trois échelons, flanquait l'extrême droite, fournit des charges très-régulières qui firent reculer l'attaque autrichienne.

Mais cette action avait occasionné un temps d'arrêt dans la marche contre Cavriana, que les Autrichiens avaient sagement utilisé. Voyant par l'attaque des tirailleurs algériens sur quel point l'orage allait éclater, ils avaient fait avancer l'artillerie de réserve et les régiments Empereur, Gruber, avec un bataillon de chasseurs tyroliens.

Ce dernier marcha contre les tirailleurs et les chassa de la redoute. Le 45e et le 72e, envoyés à l'appui des Algériens, furent également ramenés en grand désordre, et poursuivis

(1) Le rapport du commandant de la garde laisserait croire que déjà vers neuf heures et demie du matin cette cavalerie était à la disposition du maréchal Mac-Mahon.

assez avant dans la plaine par la brigade Gablentz. Il fallut que Mac-Mahon fît avancer promptement la réserve, formée des 65e et 70e de ligne pour arrêter les progrès des Autrichiens. Cependant la brigade Niol, des grenadiers de la garde, ayant pu joindre la division la Motterouge, le 2e corps reprit l'offensive, enleva successivement tous les mamelons jusqu'à Cavriana, et parvint finalement à s'emparer de Cavriana. Les tirailleurs algériens entrèrent dans la ville en même temps que les voltigeurs de la brigade Manèque y pénétraient par le chemin de Solferino.

La division Decaen avait suivi le mouvement en s'avançant, dans la plaine à droite, à la même hauteur que la Motterouge, et en chassant l'ennemi des fermes où il avait mis des postes.

Plus à droite encore, la cavalerie de la garde obtint des succès marqués sur la cavalerie Mensdorf, et fournit entre autres l'occasion au 11e chasseurs à pied de s'embusquer et de décimer un régiment de hussards qui avait été rejeté de son côté.

Vers quatre heures et demie Cavriana était pris; les Autrichiens étaient en pleine retraite sur Volta, et malgré la vigoureuse défense d'arrière-garde faite par deux brigades Zobel, ils auraient été poursuivis vivement si un orage effroyable n'avait, à cet instant, suspendu forcément toute lutte. Le ciel même semblait s'interposer entre les combattants.

Après l'orage les Autrichiens étaient déjà un peu éloignés; ils furent néanmoins suivis sur les hauteurs qui entourent Cavriana et traqués de là par l'artillerie, qui leur fit subir de graves pertes.

Vers six heures et demie, leur retraite s'opérait dans toutes les directions. Le centre du front autrichien était complétement au pouvoir des Français.

De vifs engagements avaient eu lieu, pendant ce temps, aux deux ailes.

ACTION DE LA DROITE ALLIÉE

(4e et 3e corps français, 3e, 9e, 11e corps autrichiens)

A l'aile droite alliée nous avons laissé le général Niel avec ses deux premières divisions, formé en bataille en avant du village de Medole, et attendant avec impatience, pour pouvoir se porter plus à gauche, l'arrivée de sa 3e division (de Failly), ainsi que l'appui demandé au maréchal Canrobert.

Quoique la division Vinoy se fût emparée de la ferme Casa-Nova, il restait toujours un espace libre entre le 2e et le 4e corps. Voyant ce vide, le commandant du 9e corps autrichien tenta d'y pénétrer avec de l'infanterie et de la cavalerie; mais l'artillerie placée sur ce point par le général Niel arrêta cette attaque. Le général Soleille mit successivement en batterie 42 pièces des divisions et de la réserve qui finirent par concentrer tout leur tir sur les colonnes autrichiennes; grâce à cet énergique feu le mouvement offensif de celles-ci fut momentanément suspendu; leur cavalerie se retira plus en arrière, laissant la place à l'artillerie, qui vint se mesurer contre celle du général Soleille. Cette dernière garda une supériorité marquante.

Sous cet appui, la division Vinoy s'efforçait de suivre le mouvement à gauche commencé par le 2e corps et pivotait, pour cela, autour de la Casa-Nova; mais elle ne pouvait s'éloigner beaucoup de cette position assaillie de nouveau, ainsi que le village de Rebecco, par des forces imposantes.

Toute la 1re armée autrichienne se rassemblait et s'apprêtait en effet à déboucher par la route de Guidizzolo. Le 3e corps (Schwarzenberg) s'avança sur la grande route contre la Casa-Nova, le 5e jusqu'à Rebecco, recevant tous deux, devant ces positions, des renforts du 11e corps, qui accourait en toute hâte de Castel-Grimaldo. Renforcé de la brigade Baltin, le 3e corps fit des progrès contre la gauche de Niel et pénétra jusqu'à la Quagliara. En revanche le 5e, quoique renforcé de la division Blomberg, échouait contre Rebecco.

Pendant ce temps, le général de Failly était aussi entré en ligne; sa 1re brigade, O'Farell, vers le hameau de Baëte, entre Rebecco et Casa-Nova, la brigade Saurin en réserve. Les troupes du 4e corps étaient dès lors disposées comme suit de la droite à la gauche : au village de Rebecco la division de Luzy; à Baëte la 1re brigade de la division de Failly; à gauche, vers la Casa-Nova et se reliant avec Mac-Mahon, la division Vinoy déployée, sept batteries d'artillerie et les deux divisions de cavalerie Partouneaux et Desvaux. Un peu plus en arrière, au centre de la ligne, la 2e brigade de la division de Failly en réserve.

Moyennant ces dispositions, le général Niel parvint non-seulement à tenir à distance l'ennemi, mais encore à suivre le mouvement du maréchal Mac-Mahon; il espérait bien plus encore : lorsque le 2e corps serait en possession de Cavriana, dit-il dans son rapport, et aussitôt que le 3e serait arrivé à Medole, il se proposait de porter le 4e sur Guidizzolo, de s'emparer de l'embranchement des routes, et de couper ainsi « la retraite soit sur Goïto, soit sur Volta aux masses « ennemies qui occupaient la plaine ». Plus loin nous verrons ce qu'il pouvait y avoir de fondé dans ces espérances. Quoiqu'il en soit, il fallait, pour opérer ce mouvement, que Niel fût rassuré sur sa droite, où les Autrichiens se montraient également en forces. Or, le maréchal Canrobert, qui avait une mission déterminée et fort importante, ne crut pas pouvoir, en ce moment, prêter au général Niel tout l'appui que celui-ci désirait.

Obligé d'entrer ici dans le débat qui s'est élevé entre les deux honorables maréchaux, débat regrettable à certains égards, mais intéressant par la lumière qu'il fournit sur les opérations; nous exposerons les faits tels qu'ils nous apparaissent d'après les documents publiés et en intervenant le moins possible dans la question personnelle.

Nous avons vu que le maréchal Canrobert, avec les premières troupes de son corps appartenant à la division Renault, était arrivé vers neuf heures un quart à Medole, où il avait appris que le 4e corps était engagé devant lui. La division de Luzy, formant la droite du 4e corps et la plus rapprochée de Medole, était à environ trois quarts de lieue de ce village, près de la route de Ceresara. On doit se rappeler que cette division et la division Vinoy qui se plaça à sa gauche avaient un front très-étendu, cherchant à se relier avec Mac-Mahon. Les généraux Niel et de Luzy demandant au maréchal Canrobert des renforts, ce dernier se mit en devoir, sans perdre une minute, de satisfaire à ces demandes. Il fit aussitôt rassembler par le général Renault les troupes le plus à sa portée, c'est-à-dire cinq bataillons du 41e et du 56e de ligne, qu'il achemina à la hâte et après leur avoir fait poser les sacs, sur la route de Ceresara. A dix heures et demie, ces cinq bataillons, ainsi que nous l'avons déjà dit, se trouvaient en position à 2 kilomètres en avant de Medole, le 41e à cheval sur la Seriola Marchiale; le 56e, placé en retour, faisant face à Castel-Goffredo; une section d'artillerie se mit en batterie sur la route à la hauteur des tirailleurs. Ces troupes, renforcées successivement par tout le reste de la division Renault, sauf deux bataillons du 23e, furent un véritable appui pour la droite du 4e corps, et celle-ci put bientôt se rapprocher de sa gauche. Toutefois cet appui donné par Canrobert n'était pas précisément, à ce moment-là, une déviation à ses instructions, car Ceresara est sur la droite de Medole et même de Castel-Goffredo. En portant sa gauche dans cette direction, le maréchal Canrobert ne manquait pas à la surveillance spéciale dont il était chargé. S'il se trouvait pouvoir en même temps soutenir le 4e corps, obligé de venir vers Ceresara quoique ayant pour but sa jonction avec Mac-Mahon et Guidizzolo, les choses n'allaient que pour le mieux. Mais pendant que le reste de la division Renault était successivement dirigé vers son chef, le maréchal recevait de l'empereur l'avis important dont nous avons parlé, ordonnant un mouvement général vers la gauche, tout en avisant aussi d'une manière pressante le chef du 3e corps de veiller aux Autrichiens sortis de Mantoue. Il en résulta sans doute que, lorsque le 4e corps fit son mouvement vers la gauche, la division Renault ne le suivit qu'avec prudence ; elle avait une double tâche à remplir, bien marquée par le double front de ses bataillons, et elle ne pouvait pas s'astreindre au seul but du 4e corps. Resterait à savoir exactement d'heure en heure les positions que prit la division Renault depuis sa première, à dix heures et demie, jusqu'à cinq heures du soir, et la distance à laquelle elle resta, pendant ce temps, du 4e corps; on pourrait juger alors si les reproches élevés à son endroit sont réellement fondés.

Il faudrait savoir en outre quelles furent les instructions données au commandant de cette division, et s'assurer qu'il n'y a pas eu de malentendu entre Canrobert, Niel et Renault quant à la subordination hiérarchique et à la destination de ce dernier. Puisque cette division était mise à la disposition du général Niel, c'était à celui-ci, semble-t-il, à la faire mouvoir à son gré, et il paraît même que c'est bien ainsi que l'entendait le maréchal Canrobert (1). Dans tous les cas,

(1) Nous en jugeons ainsi d'après la lettre du maréchal Canrobert au maréchal Niel. Du reste, il nous semble qu'il y aurait un moyen pratique de constater le moment où la division Renault fut bien à la disposition complète du maréchal Niel, c'est celui où ses troupes, entre autres celles du 56e de ligne, cessèrent de faire face à Castel-Goffredo.

il est certain qu'une partie au moins de la division Renault suivit de près le 4e corps, et que cette colonne, composée d'un bataillon du 56e, du 90e, de deux compagnies du 8e bataillon de chasseurs et d'une section d'artillerie, arriva à hauteur de Rebecco en temps assez opportun pour être utile. Une partie de la division Vinoy (73e de ligne) fut dégagée par elle d'un mouvement tournant de l'ennemi (1), et vers cinq heures ces troupes du 3e corps occupaient le village de Rebecco.

D'autre part, le maréchal Canrobert avait envoyé au commandant du 4e corps le général Trochu (2), avec la brigade Bataille, qui posa aussi les sacs pour aller plus vite.

Le général Niel, sachant qu'il serait appuyé au moins par trois brigades de Canrobert chercha à s'avancer contre Guidizzolo.

Mais les Autrichiens, soit qu'ils eussent pressenti ce projet et reconnu le danger dont son exécution les menaçait, soit qu'ils ne fissent que donner suite à leur première combinaison, se préparaient à bien recevoir le général Niel. Les lenteurs auxquelles le chef du 4e corps français était condamné en attendant les renforts de son voisin de droite favorisaient les dispositions des Autrichiens.

L'empereur François-Joseph, fortement pressé dans les environs de Cavriana, ne pouvait plus avoir d'espoir que dans sa gauche. Mais si celle-ci, composée de quatre corps,

(1) Le rapport du maréchal Canrobert mentionnne par erreur le 73e comme étant de la division de Luzy. Il nous semble qu'il y a là quelque indice de confusion. La division Vinoy ne pouvait pas être, à ce moment, à l'extrême droite du corps. Ces contradictions de détail ont dû contribuer à obscurcir le débat entre les deux maréchaux.

(2) Les documents à notre disposition ne nous ont pas permis de déterminer exactement l'heure à laquelle cet ordre fut donné, ni l'heure à laquelle il fut reçu. Il était quatre heures, dit le rapport du maréchal Canrobert, quand elle entrait en ligne. Il paraît que cette division subit des retards accidentels; au reste, il serait bon de s'entendre sur ce qu'on appelle ici *entrer en ligne*, qui pourrait bien être synonyme d'*entrer en action*.

plus une réserve de cavalerie, dont quelques régiments seulement avaient été engagés, obtenait un succès et pénétrait, suivant les prévisions de la veille, jusqu'à Castiglione, tout pouvait être réparé. L'avantage des Français au centre ne devait leur être que plus fatal, car ils n'auraient été que mieux acculés au lac et aux montagnes.

Aussi, vers trois heures, le feldzeugmeister Wimpffen reçut de l'empereur l'ordre de faire un suprême effort avec toute son armée. Les 3ᵉ et 9ᵉ corps furent alors concentrés de nouveau en avant de Guidizzolo, le 3ᵉ à la droite, le 9ᵉ à la gauche, tous deux en première ligne; le 11ᵉ corps en seconde ligne. La cavalerie était impatiemment attendue, car elle aurait eu devant elle un terrain propice. Pour le moment, elle n'était malheureusement représentée que par quelques escadrons; la brigade Vopaterny courait sur l'extrême gauche, et la brigade de Lauingen, après ses échauffourées de Medole, s'était retirée d'un si grand trot qu'on ne l'avait pas revue. Elle était allée jusqu'à Goïto. Le général Zedwitz eut beau envoyer adjudants sur adjudants à son brigadier et courir lui-même sur ses traces, il ne put pas le ramener en temps utile au combat, car les chevaux, qui n'avaient pas été fourragés depuis trente heures, étaient harassés. Cette lacune était d'autant plus défavorable à Wimpffen qu'il avait devant lui toutes les masses de la cavalerie française. Néanmoins il donna le signal de l'attaque.

C'est à peu près au même moment que le 4ᵉ corps français était lancé contre Guidizzolo; les tirailleurs de Niel vinrent donc donner contre de fortes masses aussi en marche, et furent repoussés ainsi que leurs soutiens. Une lutte des plus vives s'ouvrit alors sur le terrain s'étendant de Guidizzolo à la ligne Rebecco, Baëte et Casa-Nova. Tout cet espace fut bientôt jonché de cadavres. Refoulées avec de grandes pertes sur les maisons de ces hameaux, les troupes du 4ᵉ corps français s'y défendirent vaillamment. Ordinairement décimées par le tir nourri et régulier des Autrichiens, elles prenaient leur revanche en chargeant à la baïonnette chaque fois que les lignes de feux les serraient de trop près. Cinq compagnies du 6e bataillon, barricadées dans la Casa-Nova, y firent des prodiges. La cavalerie de Partouneaux et de Desvaux s'y distingua également.

Le maréchal Canrobert était accouru sur les lieux, et, voyant le danger qui menaçait à la fois son collègue et la grande communication de Castiglione, il fit accélérer le plus possible la concentration de Renault et l'arrivée de Trochu. Cette demi-brigade entrait en ligne à quatre heures (1); il était temps, car les troupes du 4e corps avaient été déjà toutes engagées, sauf deux bataillons de la division de Failly. Le général Trochu vint prendre la place de ces faibles réserves, tandis que le général Niel lançait celles-ci en avant, jointes à quatre bataillons déjà épuisés de la division de Luzy. Secondées par la cavalerie, ces troupes arrivèrent jusqu'aux premières maisons de Guidizzolo, le 30e de ligne en tête, mais là elles furent à leur tour arrêtées et ramenées brusquement en arrière par un retour offensif de la brigade Greschke.

La division Renault avait, dans ces entrefaites, atteint les abords de Rebecco, pressant la gauche des Autrichiens, et en outre le maréchal Canrobert, rassuré par une reconnaissance du colonel Besson sur les dangers qui pouvaient menacer la droite de l'armée, avait promis l'arrivée de la division Bourbaki avant la nuit. Aussi le général Niel voulut tenter encore un dernier effort sur Guidizzolo, et il mit cette fois en tête la brigade Bataille, qu'il avait gardée en réserve. Le général Trochu forma, sous les yeux du maréchal Canrobert, ses bataillons en colonnes serrées et les conduisit à l'ennemi en échiquier, l'aile droite en avant, avec autant

(1) Voir la note 2 de la page 66.

d'ordre et de sang-froid que sur la place d'armes (1). La brigade enleva une compagnie d'infanterie et deux pièces de canon, et arriva jusqu'à demi-distance de la Casa-Nova à Guidizzolo. Le 19ᵉ bataillon de chasseurs s'élançait vigoureusement à l'assaut des maisons lorsque l'orage dont nous avons parlé éclata dans toute sa force et arrêta aussi le combat. Au reste, lors de cette action de la brigade Bataille, la dernière sur ce point, les Autrichiens étaient déjà décidés à la retraite générale.

Ceux-ci, une fois l'orage calmé, ne firent plus de tentatives sérieuses d'offensive. Ils continuèrent à occuper Guidizzolo jusqu'à dix heures du soir, évacuant tous leurs blessés, pendant que, d'autre part, le 4ᵉ corps se rassemblait sur la ligne de Rebecco-Casa-Nova. Les pertes de ce dernier avaient été nombreuses; car, sur toute l'étendue d'un champ de bataille de près de deux lieues, il avait été obligé de lutter contre des forces considérables. Près de 5,000 hommes lui avaient été mis hors de combat. Néanmoins les trophées n'étaient pas hors de proportion avec ces sacrifices. Un drapeau enlevé par le 76ᵉ, sept pièces de canon, 2,000 prisonniers furent la première récompense de la bravoure déployée par le 4ᵉ corps dans cette journée.

Quant au mouvement annoncé du 2ᵉ corps autrichien contre l'extrême droite alliée, qui avait paralysé le maréchal Canrobert, il n'aboutit pas.

Le prince de Lichtenstein était bien, en effet, sorti de Mantoue avec la division Jellachich et s'était avancé jusqu'à Marcaria, au delà de l'Oglio. Mais là, apprenant l'arrivée d'un corps allié venant de Piadena et Crémone, et pensant que c'était le corps du prince Napoléon, la division autrichienne s'arrêta pour l'observer. Elle avait été induite à ces craintes prématurées par l'arrivée de la division d'Aute-

(1) Voir la note 2 de la page 66.

marre à Piadena. La brigade de cavalerie Vopaterny, chargée de relier le mouvement tournant à la gauche de l'armée, lança dans diverses directions de forts détachements de uhlans, appuyés par de l'artillerie légère, qui avaient bien pu faire croire au maréchal Canrobert, conjointement aux autres indices, à la réalisation du projet contre lequel il était en garde.

ACTION DE LA GAUCHE ALLIÉE

(Sardes contre le 8e corps autrichien)

Nous avons laissé les avant-gardes des trois divisions sardes engagées dans deux actions bien distinctes, à savoir : la 1re division (Durando) près de Madona-della-Scoperta, la 3e (Mollard) et la 5e division (Cucchiari) vers San-Martino. La 2e (Fanti) était en réserve à Lonato.

Vers midi, Durando, rétrogradé jusqu'à Casellin-Nuovo et San-Carlo-Vecchio, y reçut, avons-nous dit, le secours de la brigade Savoie. Il en employa les premières troupes, c'est-à-dire le 4e bataillon de bersagliers et le 1er bataillon du 2e régiment Savoie, à relever les grenadiers les plus serrés par l'ennemi. Une attaque impétueuse de ces deux bataillons, appuyée par le feu de la demi-batterie n° 12, arrêta un moment la marche des Autrichiens. Mais ceux-ci, après s'être ralliés, reprirent l'offensive et forcèrent encore à la retraite les têtes de colonne de la brigade Savoie; celles-ci ne purent attaquer de nouveau qu'après avoir reçu les secours des 2e et 3e bataillons du 2e régiment et de la 11e batterie. Le 4e bataillon du 2e régiment et le 1er régiment entier étaient encore en arrière, pouvant servir de réserve.

Bientôt toute cette troupe dut se réunir pour résister à un double mouvement des Autrichiens, puis elle se lança en avant, appuyée encore par le feu des batteries de la 2e division (Fanti) qui apparaissait à gauche sur les hauteurs de Monte-Finazza. L'ennemi, assailli de front par le 2e régiment Savoie et les grenadiers, de flanc, à droite, par le 1er régiment, céda définitivement cette fois les gradins de Madona. Il battit en retraite dans deux directions différentes, c'est-à dire vers Pozzolengo et Rondotto d'un côté, et vers Castellaro de l'autre.

C'était aux environs de cinq heures; car, à ce moment, nous disent les rapports officiels, éclata l'orage signalé déjà sur les autres points. Un peu après le général la Marmora vint, de la part de Sa Majesté, prendre le commandement des deux premières divisions pour les diriger au secours des 3e et 5e, en convergeant vers Pozzolengo, opération très-sage, et que les généraux Fanti et Durando étaient déjà en voie d'exécuter de leur propre chef.

Le roi Victor-Emmanuel avait d'abord, le matin, voulu porter la 1re division dans la direction de Solferino pour donner la main à Baraguey d'Hilliers, mais nous savons comment cette division fut arrêtée forcément entre Castel-Venzago et Madona-della-Scoperta.

Dans le même but, le roi avait mandé la division Fanti, laissée en réserve entre Lonato et San-Paolo. Celle-ci avait reçu, à onze heures du matin, l'ordre de quitter son camp et de se diriger en toute hâte sur Solferino. Mais, au bout d'une heure et demie de marche, un contre-ordre lui parvint pour la faire obliquer à gauche, à l'appui des divisions sardes, engagées elles-mêmes, on l'a vu, sur deux points différents et se trouvant dans une situation plus périlleuse encore que les Français.

En conséquence, le général Fanti fit tourner à gauche la brigade Aoste avec la 15e batterie, pour l'envoyer renforcer les 3e et 5e divisions à San-Martino, tandis que lui-même, avec la brigade Piémont, se dirigea vers la 1re division, à laquelle nous venons de voir qu'il put prêter son concours pour le dernier effort contre Madona.

La jonction de Fanti et Durando étant opérée, et ensuite des ordres apportés par le général la Marmora, les trois brigades grenadiers de Sardaigne, Savoie et Piémont se dirigèrent, toujours en combattant, vers Pozzolengo. Elles réussirent à refouler des secours envoyés par Benedeck sur Madona-della-Scoperta.

Mais, pendant ce temps, de rudes engagements avaient lieu plus à gauche, du côté de San-Martino.

Sur ce point, nous avons laissé les choses au moment où les reconnaissances des 5ᵉ et 3ᵉ divisions, refoulées de Pozzolengo, essayaient de tenir vers l'église de San-Martino et d'y attendre les renforts du gros de leurs divisions.

A neuf heures environ, la brigade Cuneo, accourant la première, entra en ligne par la voie ferrée, laissant vers Rivoltella la seconde brigade (Pinerolo). La brigade Cuneo prit d'abord position dans les champs, à droite de la route Lugana, près de la Cassine-Neuve, le 7ᵉ régiment en première ligne, en colonne, le 8ᵉ en deuxième ligne. Elle s'avança bientôt contre San-Martino, réussit à s'établir dans les maisons à mi-côte, puis enfin à atteindre les hauteurs où elle entoura quelques canons ennemis. Mais cet effort avait coûté beaucoup de monde et disséminé les troupes. Les Autrichiens firent à leur tour une vigoureuse attaque à la baïonnette et précipitèrent la brigade Cuneo au pied des hauteurs, jusqu'à la voie ferrée. Dans cette affaire, le général major Cornaldi fut blessé et le colonel Beretta, du 7ᵉ, tué. Ce ne fut qu'avec peine, et grâce au courage des chevau-légers Saluces et de quelques détachements du 7ᵉ de ligne et du 8ᵉ bersagliers (5ᵉ division), ainsi que des premières pièces d'artillerie de la 5ᵉ division, que les Sardes purent se maintenir dans leur position de la voie ferrée contre les tirailleurs tyroliens, qui les y poursuivaient. Il était important de tenir ce point pour assurer un facile débouché aux troupes de renfort qui allaient arriver de Lonato et de Rivoltella. A dix heures environ apparut le gros de la 5e division; précédée de son artillerie, elle s'élança immédiatement à l'assaut de San-Martino, en tenant aussi la droite et la gauche de la route Lugana. Les bataillons des 11e et 12e régiments (Casale) attaquèrent les premiers et montrèrent beaucoup d'ardeur. Stimulés par leur chef, le général major Pettinengo, ils s'emparèrent d'abord des positions à gauche de la route, savoir de l'église de San-Martino et du Roccolo, sans se laisser arrêter par le feu violent des batteries et de la mousqueterie autrichienne. A droite de la route, trois bataillons du 12e et le 10e bersagliers enlevaient les fermes Canova, Armia, Selvetto, Monata, Controcania, que les Autrichiens avaient garnies de tirailleurs. Mais, des deux côtés, les Sardes, après quelques succès, furent encore rejetés en arrière et ne se rallièrent que par le secours de la brigade Acqui, s'avançant de seconde ligne. Celle-ci marcha à son tour en avant, précédée du 5e bersagliers. Le 17e de ligne, se divisant en deux colonnes, vint se placer à la droite et à la gauche du 11e. San-Martino, le Roccolo, la Controcania furent repris par les Sardes pour la cinquième fois, vers midi et demi. Mais ce succès ne fut encore que passager.

Les Autrichiens, forts d'au moins quatre à cinq brigades, avaient en ce moment le quadruple avantage du nombre, des positions, d'une forte artillerie et de l'unité du commandement. Tandis que les Sardes se confondaient en attaques morcelées et sans soutiens, Benedeck savait employer avec à propos ses réserves, tout en agissant sur les flancs de ses adversaires. En même temps qu'il menaçait leur droite par ses tirailleurs et faisait ainsi éprouver aux Sardes des craintes pour leur retraite sur Desenzano, qui les forçaient à dégarnir leur gauche de trois bataillons du 12e, Benedeck avait fait masser trente pièces d'artillerie dans une bonne position, sur son extrême droite. Ces batteries, prenant d'écharpe la gauche sarde, y firent de larges trouées. Vu le terrain coupé et encombré, l'artillerie piémontaise, entre autres son gros calibre (9e batterie), ne put pas parvenir à se placer et à contrebalancer le tir ennemi; aussi la retraite dut être ordonnée. Elle s'effectua avec de grandes pertes, sous la protection du 18e de ligne et du 10e bersagliers (3e division), qui durent s'engager vigoureusement dans trois positions successives. Ce ne fut qu'à Rivoltella que les troupes de la 5e division, harassées de fatigue, purent être réorganisées. Elles prirent alors une position d'expectative dans et derrière ce village, où elles restèrent jusque vers quatre heures et demie.

Une portion de la brigade Cuneo, de la 3e division, avait été entraînée en désordre dans le mouvement de retraite de la 5e. Mais une autre partie cependant s'était maintenue autour de la voie ferrée, avec le secours de la brigade Pinerolo, arrivée pendant ce temps de ses positions en avant de Rivoltella. Celle-ci avait traversé la voie ferrée entre la Cassine-Nocente et la Cassine-Pigne, puis s'était avancée à la hauteur de la Cassine-Brugnoli, le 13e en première ligne, le 14e en seconde. Mais, lorsqu'elle attaqua, il était déjà trop tard pour rétablir l'équilibre; la division Cucchiari était en pleine retraite. La brigade Pinerolo dut aussi se replier, et elle prit position à l'ouest de la Cassine-Brugnoli, couvrant la voie ferrée. Il y eut alors une pause générale de part et d'autre, pause qui ne s'explique de la part de Benedeck que par les pertes qu'il avait aussi faites et par sa préoccupation de ce qui se passait alors à Madona et à Solferino.

Vers trois heures après midi, le général Mollard reçut de Sa Majesté l'ordre de tenir ferme dans ses positions, avec l'avis encourageant que le secours de la brigade Aoste ne tarderait pas à arriver et que la 5e division serait rappelée en ligne. Une nouvelle attaque pouvait encore avoir lieu et obtenir plus de succès, si elle était mieux combinée; car jusqu'ici le mal était provenu, ainsi que le remarque le général Mollard dans son rapport, d'un certain défaut d'ensemble dans les assauts courageux et persistants des troupes sardes.

Vers quatre heures, la brigade Aoste, après avoir eu à combattre sur sa route, débouchait par la voie ferrée et ralliait la 3e division au milieu de vives acclamations de joie. Elle alla prendre position sous San-Martino et Roccolo à l'extrême gauche, le 5e régiment en première, le 6e en seconde ligne, et reçut ordre de converger à droite au signal de l'attaque. La brigade Pinerolo prit position à droite de la précédente, le 14e en première, le 13e en seconde ligne, et reçut l'ordre de converger à gauche au signal de l'attaque. Les deux brigades feraient ainsi un effort sur le même point, l'église de San-Martino. Un détachement d'un bataillon du 14e, de deux compagnies du 2e bersagliers et d'une section d'artillerie, fut chargé de tourner la forte position par San-Michel, San-Girolamo, le Monte-Mamo, San-Donino, le val de Sole, pour inquiéter la gauche ennemie.

De la 5e division aucune troupe n'était là. Néanmoins l'arrivée de la brigade Aoste et les ordres du roi avaient semé dans tous les rangs une vaillante ardeur, et le général Mollard allait, sous cette impression, faire une nouvelle attaque sans qu'il pût être certain d'un appui efficace de la 5e division. Heureusement pour lui éclata en ce moment l'orage qui partout, et ici aussi, ralentit les mouvements des combattants. Les colonnes déjà en marche s'arrêtèrent quelques instants. Néanmoins, aussitôt que ce fut matériellement possible, elles s'avancèrent de nouveau contre l'ennemi qui les reçut presque à bout portant par un feu très-meurtrier. Après maints efforts, les Sardes purent enfin prendre possession de quelques maisons à mi-côte qui leur servirent de point d'appui. L'artillerie des 6e, 15e et 5e batteries y fut aussitôt conduite, et put ouvrir de là un feu très-utile sur les maisons et les jardins de San-Martino. Mais cet avantage coûta cher. Un grand nombre d'hommes tombèrent; le général Cerale, commandant la brigade Aoste, fut blessé, les colonels Caminati, du 13e, et Balegno, du 14e, furent mortellement frappés.

Pendant ce temps, la brigade Cuneo avait suivi le mouvement avec le 7e de ligne, et avait porté le 8e sur la voie ferrée, face vers Peschiera, pour couvrir la gauche. La division Cucchiari était aussi revenue en ligne et ses deux brigades s'étaient résolûment, quoique périlleusement, placées à l'extrême gauche de la brigade Aoste, cherchant à tourner la droite ennemie et à menacer ses communications avec Pozzolengo. Dans ces conditions eut lieu enfin une attaque générale, la première de la journée, avec cinq brigades à la fois, sans compter que le général Fanti, avec la brigade Piémont, arrivait en ce moment, par la route de Madona à Pozzolengo, à hauteur de San-Martino, et put de son artillerie prendre à revers les Autrichiens.

Cette fois l'assaut ordonné réussit, et la 5e division entre autres y vengea pleinement son précédent échec. Les Autrichiens du 8e corps connaissaient d'ailleurs le résultat de la bataille de Solferino et ils savaient qu'ils devaient se replier. Néanmoins ils défendirent vigoureusement encore une dernière fois la position de San-Martino. Mais, vers le coucher du soleil, ils durent l'abandonner définitivement à la brigade Aoste, au 14e régiment et aux troupes de la 5e division qui y pénétraient de tous côtés et qui y prirent cinq canons.

Les artilleurs sardes, et surtout les batteries 5e, 6e et 15e, s'y mirent promptement en position, battant les hauteurs qui s'étendent sur une ligne parallèle à celle de San-Martino et où les Autrichiens avaient placé de fortes arrière-gardes. Une charge d'un escadron Montferrat termina le combat sur ce point, et à la nuit les Autrichiens laissaient tout le plateau aux Piémontais.

Devant le village de Pozzolengo la division Durando et la brigade Piémont, arrivant de Madona-della-Scoperta, firent aussi leur jonction avec celles qui venaient de combattre à San-Martino. Les premières avaient eu, elles aussi, à lutter dans la montagne contre plusieurs détachements et postes autrichiens, entre autres du régiment Prohaska, et à vaincre de grandes difficultés de terrain. Leur présence devant Pozzolengo complétait le succès et assurait aux Sardes la possession du plateau.

La perte totale des quatre divisions piémontaises dans cette sanglante journée fut de près de 6,000 hommes hors de combat. Celle des Autrichiens, qui avaient tout l'avantage des positions, fut bien moindre.

De part et d'autre, sur ce point de la grande bataille du 24 juin, on se félicita de la victoire, et, dans le fond, les deux parties purent le faire avec autant de raison l'une que l'autre, car chacune d'elles avait atteint son but.

Benedeck avait réussi à retenir les Sardes un jour entier, et c'était tout ce qu'il pouvait espérer à l'aile droite, pendant que la gauche de l'armée autrichienne devait frapper le coup décisif.

Les Sardes avaient pris possession, quoique un peu tard, du plateau de Pozzolengo, et c'était là aussi le but principal des ordres donnés la veille. Ces ordres, ils les exécutèrent au prix de lourds sacrifices il est vrai, mais cela ne fit que mieux ressortir le courage et la ténacité de ces troupes, revenant cinq et six fois à l'assaut des mêmes positions.

RETRAITE DES AUTRICHIENS AU DELA DU MINCIO

Nous avons vu que c'est au moment de l'orage, c'est-à-dire à peu près vers cinq heures, que se dessina le mouvement général de retraite du centre et de la gauche de l'armée autrichienne. A la droite, Benedeck tint environ deux heures de plus, soit par suite de ses succès de la journée, soit qu'il ne fût informé qu'alors de la situation des choses au centre.

Repoussé de San-Martino, Benedeck fit occuper encore Pozzolengo et ses abords jusqu'à dix heures du soir, couvrant ainsi la retraite de son corps et celle du 5e, qui se replièrent sur Salionze pendant la nuit. Les Piémontais ne firent pas de poursuite et prirent leurs bivouacs entre San-Martino et Pozzolengo, vers dix heures du soir seulement.

Au centre, la retraite fut couverte par la division du prince de Hesse à Volta et par la brigade Gablentz sur les hauteurs de Bosco-Scuro derrière Cavriana. A dix heures ces positions furent évacuées ; la brigade Gablentz se retira sur Volta et de là sur Ferri. Les 7e et 1er corps repassèrent le Mincio à Ferri et Valeggio, laissant quelques arrière-gardes au défilé de Borghetto. Les Français ne poursuivirent pas au delà de Bosco-Scuro et bivouaquèrent autour de Cavriana. L'empereur Napoléon prit le logement même qu'avait quitté le matin l'empereur d'Autriche.

A gauche, il n'y eut également pas de poursuite. Les Français dressèrent leurs tentes sur le champ de bataille autour de Rebecco. Une brigade du 11e corps, sous la direction du lieutenant-feld-maréchal Weigl lui-même, occupa Guidizzolo jusqu'à dix heures du soir, pendant l'évacuation des blessés et des trains, puis se retira sur Goïto. Elle fut soutenue par la brigade de cavalerie Lauingen, arrivée enfin entre les routes de Guidizzolo et de Ceresara aux derniers instants de la lutte. Les 3e, 9e et 11e corps se retirèrent par Ferri et Goïto. La division du 2e rentra à Mantoue par le plus court chemin.

Le 24 au soir, le quartier général de la 1re armée était à Goïto et celui de la 2e à Valeggio.

Dans la matinée du 25 les dernières troupes de la 1re armée passèrent le Mincio et les arrière-gardes firent sauter le pont de Goïto.

Le 25, le quartier général de l'empereur François-Joseph était à Villafranca, et le 27 à Vérone. Les Français, ce même jour, prenaient possession du Mincio.

Les pertes s'élevèrent aux chiffres approximatifs suivants:

Autrichiens : Officiers : 50 tués, 489 blessés; troupe : 2,261 tués, 10,160 blessés; 8,500 disparus. Total des hommes hors de combat : environ 21,500 (1).

Français : officiers : 150 tués, 270 blessés; troupe : tués et blessés, 12,000 ; 3,000 disparus. Total des hommes hors de combat : environ 13,000 (2).

Sardes : Officiers : 49 tués, 167 blessés; troupe : 642 tués, 3,405 blessés; 1,200 disparus. Total des hommes hors de combat : environ 5,500 (3).

Total des alliés hors de combat : 18,500.

Telle est cette grande bataille, l'une des plus importantes de notre siècle à tous égards.

Nous n'élevons point la prétention d'avoir pu la rendre dans tous ses détails, ni d'avoir donné un récit exempt de lacunes et peut-être même d'inexactitudes plus ou moins graves. Nayant eu à notre disposition, en fait de documents,

(1) Quatre généraux autrichiens furent blessés, à savoir : les lieutenants-feld maréchaux de Crenneville, Blomberg et Palffy, et le général-major Baltin.

(2) Cinq généraux français furent grièvement blessés, ce sont : de Ladmirault, Auger, Dieu, Douay, Forey. Sept colonels et six lieutenants-colonels ont été tués.

(3) Les généraux Cornaldi et Ansaldi furent blessés.

que ceux publiés par les états-majors, lesquels se réduisent, pour les Français, aux rapports des corps, et pour les Autrichiens au rapport général (1), il nous a été impossible d'éclaircir et de développer certains points autant que nous l'eussions désiré. Nous serons sans doute obligé de revenir plus tard sur quelques-unes de nos indications, et nous nous proposons bien de compléter notre travail lorsque tous les renseignements officiels auront été fournis de part et d'autre. En attendant, nous répétons que nous serons toujours disposé à faire droit aux réclamations fondées (2).

Toutefois, nous croyons avoir suffisamment esquissé les principaux traits de la bataille pour pouvoir présenter sur son développement quelques observations générales.

(1) Pour les Sardes, nous avons eu des rapports détaillés de division. En revanche, les rapports généraux sont peu clairs. Ils ne disent en outre que peu de choses des opérations des chasseurs des Alpes.

(2) Nous rappelons, à cette occasion, que la *Revue militaire suisse* ouvrira volontiers ses colonnes aux répliques qu'on croirait devoir nous adresser.

CHAPITRE IX

—

OBSERVATIONS SUR LA BATAILLE DE SOLFERINO

Il a été fait à l'empereur d'Autriche le reproche d'avoir recherché la bataille du 24 juin en ayant le Mincio à dos, plutôt que d'avoir gardé tous ses efforts pour assaillir les alliés au passage même de la rivière. L'armée autrichienne aurait dû, selon les uns, rester dans le quadrilatère ; selon d'autres, elle devait en tout cas se replier sur le Mincio le 25 quand elle rencontra les alliés.

Nous ne saurions admettre ces reproches comme complétement fondés. Sans doute il est dangereux, en principe, de livrer une bataille avec une rivière à dos. A Friedland, par exemple, les Russes ont payé cher cette faute. Mais dans le cas spécial, le Mincio, couvert de nombreux ponts et de deux forteresses, n'offrait pas les inconvénients ordinaires de ces situations.

En fait, on a vu que malgré leur échec les Autrichiens n'ont pas souffert de cette circonstance, quoiqu'il ne soit pas impossible, cependant, que le souci de ce passage à franchir ait fait opérer la retraite plus tôt qu'elle ne se fût opérée sans cela. Replier l'armée au delà du Mincio le 24 au matin était impossible. Vu l'éloignement dans lequel marchaient les corps, plusieurs d'entre eux se fussent trouvés seuls à la brèche et gravement compromis.

Ce qui justifie, selon nous, l'offensive des Autrichiens,

c'est la jonction prévue du corps du prince Napoléon, ainsi que les autres mesures qui devaient coïncider avec l'arrivée de ce renfort aux alliés. Les Autrichiens, en prenant cette énergique initiative, ont agi un peu contre leur habitude, il est vrai ; ils ont été malheureux, c'est leur plus grand tort.

Le récit que nous avons donné des opérations au centre se trouve, en plusieurs points importants, encore couvert pour nous de ténèbres. Nous ne pouvons que rappeler ici, avec le rapport officiel, que le 5e corps autrichien devait opérer à Solferino conjointement avec le 1er et le 7e, mais que le 5e fut mal secondé. Il fut laissé à lui-même pendant la plus grosse période de l'action du village de Solferino, et nous n'avons pas pu savoir ce que faisaient, pendant ce temps, les corps de Clam-Gallas et de Zobel, ni quelles sont les causes qui retardèrent leur entrée en ligne. Le fait est que les trois corps autrichiens s'engagèrent les uns après les autres, tandis que les trois corps français agirent, au centre, avec ensemble dès sept à huit heures du matin.

Nous avons déjà fait ressortir combien la haute direction de l'empereur Napoléon avait été, sur ce point, efficace et bien inspirée.

A la gauche autrichienne, qui devait frapper le coup décisif, et où, par conséquent, toutes les mesures eussent dû être minutieusemenf concertées, les mêmes vices qu'au centre amenèrent un même résultat. Ici l'échec est d'autant plus accablant que les Autrichiens y avaient une prépondérance décidée de forces ; ils disposaient de quatre corps contre deux corps français seulement.

Mais on se rappelle les déboires de leur cavalerie ; on sait aussi que du 2e corps il ne se montra pas un homme sur le champ de bataille; les uns restèrent à la garde de Mantoue et du Mincio, les autres se promenèrent sur l'Oglio. Le 11e (Weigl) tarda aussi à s'engager; enfin les efforts tardifs de ce corps, conjointement avec ceux des 3e et 9e, se brisèrent contre la vaillance des troupes du général Niel, secondées plus ou moins par celles du maréchal Canrobert.

Il nous tarde d'avoir des récits détaillés des engagements dont les environs de Rebecco et de Guidizzolo ont été le théâtre, pour nous expliquer tactiquement ce vrai prodige de 4 à 4 et demie divisions françaises tenant tête à 6 ou 7 divisions autrichiennes.

Oserons-nous, à cette occasion, revenir sur le fond du débat entre les deux chefs de corps français?... Qu'on veuille nous pardonner une liberté dictée par le seul intérêt que cette controverse a inspiré à tous les amis de l'art militaire en Europe.

Les lettres échangées entre les deux maréchaux (1) n'éclairent pas complétement les contradictions et les lacunes de leurs rapports. Le général Renault nous paraît être l'officier qui, par ses renseignements, pourrait le mieux les compléter et trancher la question de savoir à quel moment et sous quelle réserve sa division a appuyé la droite de Niel. Là est le fond du litige.

Il paraîtrait, d'après la lettre du maréchal Canrobert, que Renault s'est trouvé à la *disposition* de Niel, et placé à la droite immédiate de la division de Luzy (du 4e corps) dès dix heures et demie du matin. En ce cas, c'était au général Niel à commander les mouvements de cette division du 3e corps. Mais la réplique du général Niel apprend aussi que des demandes adressées par lui au général Renault ne furent pas exécutées, ce qui nous ferait penser que ce divisionnaire ne se considérait pas comme étant sous les ordres du général

(1) Voir aux *Pièces justificatives.*

Niel. L'inaction reprochée au général Renault peut donc provenir de quelque malentendu entre lui et les deux chefs de corps.

S'il en est ainsi, comme nous le croyons, et s'il est vrai, comme on l'a dit, que les retards de la division Trochu (1re brigade) tiennent à des accidents imprévus de marche, il s'ensuivrait que dès le matin (1) le maréchal Canrobert avait mis la moitié de son corps à la disposition de son collègue. Cette déviation à ses instructions de la veille et aux recommandations de l'empereur du matin même était déjà assez considérable comme *assistance* pour que le général Niel eût plus à s'en applaudir qu'à se plaindre publiquement de son inefficacité. Toutefois nous pensons que Canrobert a eu singulièrement de malheur en recevant, à ce moment-là, l'avis de l'empereur précisant des craintes à l'endroit du corps sorti de Mantoue. Livré à lui-même, le maréchal aurait peut-être douté davantage de la situation de l'ennemi et s'en serait mieux informé. Il eût sans doute envoyé plus tôt son chef d'état-major en reconnaissance vers l'Oglio. Dès neuf à dix heures du matin il aurait lancé déjà quelques détachements de cavalerie le plus loin possible dans cette direction, qui l'auraient renseigné sur l'absence de forces autrichiennes sérieuses, et il aurait pu, avant midi, diriger au moins deux divisions sur Rebecco.

Mais pour cela le maréchal Canrobert devait, il est vrai, prendre sur lui de déroger à ses ordres, chose toujours délicate pour un chef de corps, surtout lorsqu'il se trouve presque sous les yeux de son souverain, commandant lui-même en chef. Puisque une mission de spéciale surveillance avait été donnée et réitérée par l'empereur au maréchal Canrobert, celui-ci serait bien excusable s'il a entendu ses devoirs en ce

(1) En admettant, ce dont nous ne sommes pas totalement sûr, qu'avant midi Trochu reçut l'ordre d'appuyer le général Niel.

sens que l'empereur lui-même devait le relever de cette mission. Cela nous paraît être d'autant mieux le cas que l'empereur, quoiqu'au centre et en arrière de l'armée, se montrait mieux informé que Canrobert de ce qui se passait sur la droite.

Quoiqu'il en soit, on a vu que la position expectante d'une portion du 3ᵉ corps n'était point sans raison, puisque, en effet, la division Jellachich, secondée de la brigade de cavalerie Vopaterny, avait bien commencé le mouvement tournant annoncé par Sa Majesté. Si ce mouvement n'aboutit pas, ce ne fut que par l'effet de circonstances un peu accidentelles, croyons-nous. La présence, par exemple, de la division d'Autemarre à Piadena frappa le prince de Lichtenstein d'une méticuleuse prudence, qu'on ne devait pas s'attendre à rencontrer chez le chef d'un mouvement tournant, opération demandant toujours de l'audace et de l'énergie. En outre, les coureurs de la brigade Vopaterny purent contribuer à donner le change à Canrobert tant qu'il n'avait pas poussé contre eux une forte reconnaissance.

Ceci réservé, nous ne croyons cependant pas que l'appui plus énergique de Canrobert eût apporté au général Niel tous les résultats que celui-ci en espérait. Le plus grand avantage eût été sans doute de mieux répartir les sacrifices et de les diminuer en décidant plus tôt le succès.

« Le but que je poursuivais, dit le commandant du 3ᵉ corps « dans son rapport, et qui aurait donné de magnifiques résul- « tats si j'avais pu l'atteindre, c'était que, lorsque Cavriana « serait au pouvoir du 2ᵉ corps, le maréchal Canrobert, « arrivé à Medole, voulût bien envoyer en avant une ou deux « de ses divisions pour occuper Rebecco. Alors, avec les « deux divisions de Luzy et de Failly, j'allais m'emparer de « Guidizzolo, et, maître de l'embranchement des routes, je « coupais la retraite soit sur Goïto, soit sur Volta, aux masses « ennemies qui occupaient la plaine. »

Nous croyons, au contraire, qu'en procédant comme il l'indique, le général Niel n'aurait rien coupé du tout à Guidizzolo. Canrobert, s'avançant de Medole et de la route de Ceresara, eût refoulé les Autrichiens de la plaine, tandis que Mac-Mahon, arrivé à Cavriana, eût balayé le pied des hauteurs; si bien que Niel, en s'avançant à son tour sur la route de Guidizzolo, n'eût fait que refouler devant lui les masses des 3e, 9e et 11e corps, qui s'y seraient resserrées de droite et de gauche. Il n'aurait donc coupé la retraite qu'aux hommes qui auraient bien voulu pénétrer trop avant dans les lignes françaises ou s'égarer à travers les champs et les fossés. La prise de Guidizzolo ne fermait pas plus la retraite sur Goïto aux troupes de la plaine qu'elle n'empêchait celle sur Volta ou Monzambano aux troupes de la montagne. Nous ne nous expliquons donc les espérances du général Niel, telles qu'il les développe dans son rapport, que par l'illusion que procurent facilement la chaleur du combat et l'amour d'une noble gloire. Nous les comprenons le jour de la bataille, dans son premier rapport, mais non seize jours plus tard dans la lettre au maréchal Canrobert. Préoccupé de la présence peut-être un peu risquée de quelques bataillons autrichiens, le général Niel eût bien voulu sans doute les capturer, et il lui manqua pour cela quelques forces disponibles de plus. S'il les avait eues, il aurait fait 3 à 4,000 prisonniers peut-être, au lieu de 2,000; mais cette capture eût été bien indépendante de l'occupation de Guidizzolo comme point stratégique. Il en eût été autrement si le général Niel, au lieu de Guidizzolo, avait parlé de Volta. Là, en effet, il eût pu couper la retraite à un bon nombre de troupes, de la montagne surtout, et eût complété le succès des trois corps français du centre, en recueillant la majeure partie des Autrichiens refoulés de Cavriana.

Mais par là le général Niel eût pourtant espéré un peu trop de ses forces, car c'était prétendre pouvoir, avec un à deux corps, écraser trois corps autrichiens pour aller recueillir les débris de deux à trois autres.

Loin de nous la pensée d'atténuer la belle part qui revient au maréchal Niel dans cette grande victoire des Français. Si, pour le vulgaire, la gloire se répartit par les éloges des rapports officiels, aux yeux d'autres personnes elle se compte sur les faits et sur les résultats positifs. C'est à ce point de vue que nous croyons être juste envers le maréchal Niel, plus juste encore qu'il ne l'est lui-même, en disant qu'il partage avec l'empereur les honneurs de la journée. Le principal mérite de Niel est d'avoir *neutralisé* des forces supérieures *en offensive*, d'avoir retenu *l'attaque* de la gauche des Autrichiens pendant que l'empereur Napoléon *attaquait* et perçait leur centre. Dans ce rôle *défensif* heureusement tenu se trouve le vrai titre de gloire du maréchal Niel, et s'il s'était vanté d'avoir, dans les moments de répit, couvert de petits parapets et de barricades sa ligne de Rebecco à Casa-Nova, nous aurions pleinement applaudi à cet épanchement d'un légitime amour-propre, démontrant combien l'auteur s'était identifié avec sa mission. Mais quand, au contraire, le maréchal Niel vient, à tête reposée, parler de ses projets *offensifs* et confirmer les espérances, disons les illusions qu'il put avoir au moment du combat, alors nous croyons qu'il prend plaisir à se rapetisser lui-même. Il prêterait ainsi à croire qu'il ne s'est pas complétement rendu compte du rôle qu'il a dû remplir et qu'il a cependant rempli de la manière la plus glorieuse.

Peut-être quelques petits ressentiments antérieurs aux faits du 24 juin ont-ils eu leur regrettable part dans les causes de cette controverse stratégique?

Quoiqu'il en soit, nous croyons pouvoir résumer les conclusions à tirer du débat entre les deux maréchaux en disant :

Niel a le grand honneur d'avoir résisté au coup décisif

des Autrichiens et de les avoir frustrés d'un succès sur lequel ils comptaient.

Canrobert ne peut être sérieusement blâmé que des petits retards accidentels subis par les divisions Renault et Trochu dans leur mouvement par la gauche.

L'*empereur* a fait de trop bonne besogne au centre pour qu'on doive minutieusement scruter s'il n'a pas, pendant ce temps, un peu négligé sa droite.

A la gauche alliée se sont passés des faits qui, à notre avis, méritent aussi quelque critique.

On a vu certes que du côté des Sardes, comme du côté des Autrichiens, il ne manqua pas de bravoure; le chiffre des blessés et tués dans tous les grades le dit d'ailleurs assez. Mais il manqua aux Sardes, à San-Martino, l'unité dans les opérations, c'est-à-dire un chef supérieur (1).

Nous ne pouvons pas préciser la cause du mal, car le rapport du chef d'état-major della Rocca est peu explicite sur le rôle du grand quartier général sarde pendant cette journée. Nous ne savons pas même sur quels points de l'action il se trouva. Nous avons lieu de supposer que le roi, après

(1) Voici ce que dit à ce sujet le général Mollard lui-même dans son rapport :

« Ho di già trasmessa la situazione numerica delle perdite della bassa forza, e quella nominativa degli ufficiali morti e feriti. Queste perdite sono disgraziamente gravi, comunque non sproporzionate al risultate ottenuto contro un'occupazione nemica solida e numerosa, e che oppose una resistenza accanita. *Ha contribuito adde accrescerla la circostanza che le truppe furono impegnate, non già per grandi masse contemporaneamente, ma invece per frazioni successive.* Però ciò tiene a circostanze indipendenti dalle mie possibilità; val quanto dire a ciò che le disposizioni date al mattino avevano uno scopo ben diverso da quello al quale dovevano poi, per la piega che presero le cose, adattarsi : e che invece di occupare delle posizioni debolmente difese, ci trovammo all'improvviso costretti a respingere attacchi poderosi, parte integrante d'un vasto piano offensivo per parte del nemico su tutta la linea, fortunatamente andato a vuoto. »

avoir décidé de faire appuyer ses troupes vers la gauche de Baraguey d'Hilliers, les précéda lui-même dans cette direction, et que lorsqu'il contremanda cet ordre pour renforcer les divisions engagées à San-Martino, le quartier général sarde voulut rester à portée de savoir ce qui se passait à Solferino, afin de pouvoir, comme la raison le conseillait, diriger les mouvements de la gauche d'après ceux du centre. Un échec des Français à Solferino eût pu, en effet, devenir fatal aux Piémontais lancés le long du lac de Garde jusqu'aux environs de Peschiera.

De ces indications, nous serions portés à conclure que, dans tous les cas, les dispositions de marches ou de reconnaissances pour le 24 occupaient un front trop étendu, surtout pour un pays de montagne où les communications latérales entre les corps sont difficiles. Le front aurait dû être plus resserré vers Solferino, et il n'y avait aucun danger à laisser un espace inoccupé près du lac, dont les Autrichiens eussent été très-maladroits de vouloir profiter.

Il est vrai qu'il ne s'agissait, pour ce jour-là, que de *reconnaître* le pays, et que le grand luxe de reconnaissances déployé dans ce but prouvait qu'on comprenait les dangers de s'engager sur ce terrain; mais on ne devait pas oublier non plus que l'ennemi n'était pas fort éloigné, et l'on devait être prêt d'avance à transformer promptement tout ou partie de ces reconnaissances en corps bien placés pour le combat.

C'est ce qui ne fut pas fait lorsqu'on couvrit d'un réseau de petits détachements toute la contrée montagneuse jusqu'au lac.

Cette faute première d'un front trop étendu et trop morcelé fut-elle aussi bien et aussi promptement réparée qu'elle aurait pu l'être par les mesures qui suivirent?

Nous ne le croyons pas.

Dès que les *reconnaissances* avaient constaté que les positions de Pozzolengo et des environs, et celles de Madona étaient fortement occupées, elles avaient rempli leur but; il ne leur restait qu'à se retirer; le gros des divisions devait les recueillir, se concentrer et marcher sur Pozzolengo par le chemin qui s'écartait le moins des Français, c'est-à-dire par Madona-della-Scoperta. Il nous paraît que telle fut en effet l'intention du roi.

Mais la pression des faits et la fièvre de la lutte furent, comme il arrive souvent, les plus fortes. Aux premiers coups de canon les divisions s'élancèrent, chacune pour son compte, au secours de leurs reconnaissances; elles se virent dès lors engagées successivement sur tout le front prescrit aux éclaireurs, et aggravèrent ainsi la faute primitive au lieu d'y porter remède. En outre, aucun chef supérieur ne se trouva là pour parer d'autorité à cet état de choses, car le roi s'était porté, si ce que nous avons dit ci-dessus est juste, à l'endroit même où les troupes auraient dû être.

Aussi des luttes meurtrières se déroulèrent toute la journée sans plan d'ensemble autour de deux points principaux : Madona et San-Martino.

Sous de telles conditions, la prise de possession finale du plateau de Pozzolengo par les Sardes est un acte qui, nous le répétons, prouve hautement leur bravoure et leur ténacité.

On a beaucoup admiré et célébré, en Allemagne, les exploits du lieutenant-feld-maréchal Benedeck en cette circonstance. Nous estimons aussi que les opérations autrichiennes ont été conduites avec plus de justesse et de vigueur sur ce point que sur les autres, car il n'y avait là qu'un seul chef de corps; mais nous ne saurions nous ranger sans réserves aux éloges donnés au *héros* de San-Martino, comme l'appellent quelques publicistes allemands.

Lui aussi eut l'idée peu juste de morceler son corps, puis de le répartir à l'inverse de ce qu'il aurait dû faire. Il lança et engagea ses troupes dans deux directions divergentes, les unes vers Madona, les autres vers San-Martino, et il affecta le gros de ses forces, soit 4 à 5 brigades, à l'action de San-Martino, qui l'éloignait le plus du centre autrichien et lui promettait les moindres résultats avec le plus de péril, tandis qu'il n'affecta qu'une brigade à l'action de Madona.

Sur ce dernier point, cependant, il fût resté en communication avec le corps de Stadion, et, en s'avançant sur Castel-Venzago et Lonato, il pouvait couper la retraite aux divisions sardes engagées sur la voie ferrée. C'est bien, croyons-nous, ce qu'il chercha à faire depuis San-Martino, en s'efforçant d'avancer son aile gauche; mais la direction première était fautive, et malgré ses efforts les Sardes, quoique fort aventurés vers Peschiera, lui échappèrent. Pour l'une comme pour l'autre armée, il était imprudent et peu avantageux de lancer le gros des forces vers le lac, et c'est cependant ce que firent, sous l'empire de la surprise, les Sardes comme Benedeck.

Ajoutons que ce dernier nous parut sentir enfin sa faute, lorsqu'après avoir repoussé la 5e division jusqu'à la voie ferrée il n'essaya pas de la poursuivre sur Rivoltella. En effet, il fallait qu'il sût auparavant ce qui se passait au centre, et en s'avançant jusqu'à Rivoltella et Desenzano, sa retraite eût pu être gravement compromise par la gauche du 1er corps français et par les deux premières divisions sardes.

Mais il est juste de dire que la manière dont Benedeck défendit les coteaux de San-Martino, manière qui rappelle un peu celle de Wellington dans la Péninsule, est digne d'éloges au point de vue tactique.

En résumé, ce qui fit la force des alliés, ce fut une direction plus homogène et plus forte que celle de l'armée autrichienne.

Nous n'avons pas sur cette dernière les mêmes détails qu'on peut avoir sur la première, quant aux petits faits du domaine des états-majors, minuties souvent de haute importance sur les résultats; mais on en sait assez pour être convaincu qu'il régnait dans les quartiers généraux autrichiens une grande confusion et presque l'anarchie, ce qui vient en partie de l'organisation même de l'armée et en partie des circonstances personnelles des divers commandements.

Nous avons déjà eu l'occasion de mentionner les vices (1) que nous croyons attachés au rouage de l'*armée* comme subdivision première des forces totales, et l'on a vu en effet que le gros de chaque armée opéra et se retira pour son compte, sans beaucoup s'inquiéter de l'autre.

En ce qui concerne le commandement lui-même, l'observation conserve encore sa valeur. Que devient le commandement en chef au milieu de ces deux armées, et sans troupes de réserve à sa disposition? Autant vaudrait dire qu'il ne commande réellement pas. Il ne peut pas, en effet, prescrire des ordres; il ne peut guère que donner des directions générales, exprimer des vœux à ses chefs d'armée, à moins d'empiéter sur leur pouvoir pour disposer de leurs corps, divisions ou brigades; mais lorsque c'est l'empereur lui-même qui revêt cette position, lorsque ce souverain est jeune et ardent autant que vaillant, lorsqu'il est entouré des sommités militaires les plus vénérées de l'armée, il peut vouloir exercer directement, par lui ou par ses maréchaux, le commandement suprême, au risque de paralyser l'initiative des chefs d'armée. On dit que c'est un peu ce qui est arrivé, et que c'est par suite d'un croisement incessant d'ordres et de compétences que les corps signalés dans notre récit n'ont pas secondé à temps les premières troupes engagées.

(1) Ier vol., p. 53.

Le feld-maréchal Hess, qui, assure-t-on, eût voulu que l'armée restât dans le quadrilatère, se mêla peu des opérations ou n'y apporta son concours qu'avec un front rembruni de tristes prévisions ; le général Ramming fut, dit-on, le grand inspirateur à l'état-major. Sans compter les idées que cherchaient à faire prévaloir les chefs d'armée Wimpffen et Schlick, un vétéran des guerres de l'empire, le feld-maréchal Nugent, était encore venu mettre sa vieille expérience au service de son chevaleresque souverain ; il intervint aussi, dit-on, dans les opérations au nom de l'empereur.

Ces complications de hautes fonctions *ad latus*, qui feraient presque regretter le conseil aulique, ne devaient pas faciliter la besogne, et ont eu une fâcheuse influence sur le résultat de la journée.

Il est presque inutile d'ajouter que dans l'état-major allié il en était tout autrement.

L'empereur Napoléon commandait pour la première fois une armée ; il avait sous lui et autour de lui des généraux expérimentés et vieillis dans les camps ; malgré cela, il exerçait bien réellement le commandement en chef ; il disposait en outre personnellement du puissant secours de sa garde, en sorte qu'il apportait avec lui un appui non-seulement moral, mais matériel. De la troupe aux maréchaux, tous sentaient et reconnaissaient son autorité individuelle, même alors qu'elle eût pu se détacher du caractère de la souveraineté impériale.

On comprend la supériorité procurée par ces circonstances aux alliés sur leurs adversaires.

On a vu qu'en somme les mesures premières avaient été bien prises par les Autrichiens ; leur ordre de bataille primitif était combiné avec sagesse, leurs troupes se sont bravement comportées ; le défaut d'ensemble, qui les a fait combattre par fractions morcelées, a annulé tous ces avantages.

CHAPITRE X

DISPOSITIONS DES ALLIÉS CONTRE LE QUADRILATÈRE DES FORTERESSES AUTRICHIENNES

Après la bataille du 24 juin, l'empereur Napoléon III adressa à ses troupes l'ordre du jour suivant, qui n'avait rien d'exagéré, et dont les phrases finales pouvaient déjà être interprétées comme des préludes de paix :

ORDRE DU JOUR

« Au quartier général impérial de Cavriana, le 25 juin 1859.

« SOLDATS !

« L'ennemi croyait nous surprendre et nous rejeter au delà de la Chiese; c'est lui qui a repassé le Mincio.

« Vous avez dignement soutenu l'honneur de la France, et la bataille de Solferino égale et dépasse même les souvenirs de Lonato et de Castiglione.

« Pendant douze heures, vous avez repoussé les efforts désespérés de plus de 150,000 hommes. Ni la nombreuse artillerie de l'ennemi, ni les positions formidables qu'il occupait sur une profondeur de 3 lieues, ni la chaleur accablante n'ont arrêté votre élan.

« La patrie reconnaissante vous remercie, par ma bouche, de tant de persévérance et de courage; mais elle pleure avec moi ceux qui sont morts au champ d'honneur.

« Nous avons pris 3 drapeaux, 30 canons et 6,000 prisonniers.

« L'armée sarde a lutté avec la même bravoure contre des forces supérieures ; elle est bien digne de marcher à vos côtés.

« Soldats ! tant de sang versé ne sera pas inutile pour la gloire de la France et pour le bonheur des peuples.

« NAPOLÉON. »

Les deux jours qui suivirent la bataille durent être employés par les alliés à se réorganiser, à rallier les corps disséminés, à enterrer les cadavres, à évacuer les prisonniers et les blessés, à recueillir les armes et les bagages, et à prendre, en résumé, ces mille soins indispensables au lendemain d'une aussi grande et aussi meurtrière action, où presque tous les corps avaient été engagés. Mais ces soins ne les détournèrent pas des dispositions défensives en vue d'une nouvelle affaire, et pour cela toute l'armée se concentra davantage vers la montagne, laissant seulement la cavalerie dans la plaine.

L'armée autrichienne avait été battue, il est vrai, mais non détruite. Retranchée derrière le Mincio et autour de ses forteresses, elle pouvait encore livrer de rudes combats. Il était prudent aux alliés de ne se présenter à elle qu'en état de porter de nouveaux et décisifs coups, et le passage du Mincio pouvait déjà être périlleux, si les Autrichiens y opposaient de la résistance.

C'est ce qui fit, sans doute, que Napoléon tarda jusqu'au 28 juin de franchir cette rivière et employa ce temps à faire bien reconnaître les alentours.

Le 28, l'armée alliée commença le passage, et le 1er juillet l'opération était terminée sans avoir rencontré d'opposition de la part de l'ennemi. L'empereur avait fait établir lui-même les ponts nécessaires au passage des troupes à Valeggio et y avait transporté son quartier général de Volta dès le 30 juin.

Le 4e corps s'avança sur Villafranca et vint placer ses

avant-postes à une petite distance de ceux des Autrichiens.

Le 2e corps se porta en avant de Valeggio; la garde à Valeggio même.

Le 3e corps s'avança vers Goïto pour observer Mantoue.

Le 1er corps passa le Mincio à Monzambano, se portant sur Castel-Nuovo.

Les Sardes investirent Peschiera, s'établissant solidement dans ce but à Ponti, et dès ce moment ils échangèrent des feux continuels avec les ouvrages avancés de cette forteresse.

Dans cette situation, et une fois le Mincio occupé sur ses deux rives par les alliés, ceux-ci pouvaient prendre leurs mesures plus à l'aise pour la grande guerre de siége qui allait s'ouvrir.

Les Autrichiens avaient laissé une division du 2e corps en garnison à Mantoue, une brigade du 8e et des détachements du 8e corps à Peschiera. Le reste était concentré dans le grand camp retranché de Vérone. C'était là que l'action décisive devait recommencer.

D'après une opinion en faveur dans le génie français, cette place aurait pu, en telles circonstances, résister pendant trois à quatre mois au plus; Peschiera pendant une dizaine de jours. Mantoue se trouve dans des conditions trop particulières pour qu'on puisse évaluer sa force à cette mesure. Elle aurait été, en tout cas, facilement annulée par de faibles détachements de blocus.

Vérone pouvait également être investie et finalement bloquée, si les alliés parvenaient à pénétrer d'un côté dans la vallée de l'Adige, par le lac de Garde, au nord de la place, et de l'autre côté dans la Vénétie. Coupée ainsi sur ses deux grandes lignes de communication avec l'intérieur de l'empire, l'armée autrichienne eût bien été obligée de sortir de son formidable camp et de livrer bataille.

C'est ce que l'empereur Napoléon s'était mis en devoir de faire. Il ne pouvait cependant pas affaiblir le gros de l'armée en prenant dans son sein les forces nécessaires à ces mouvements sur les deux extrémités. Aussi, il fit appel au puissant secours de sa marine.

D'une part, une flottille de cinq canonnières, amenées morceau par morceau de France, fut organisée sur le lac de Garde. Ces bâtiments devaient puissamment coopérer à la prise de Peschiera, puis, de là, aux opérations soit sur les revers septentrionaux de Vérone, soit sur les lacs de Mantoue en descendant le Mincio.

D'autre part, une descente en Vénétie s'organisa avec l'aide de la flotte de l'Adriatique.

En outre, un renfort de 4 divisions arrivait au gros de l'armée, à savoir 2 divisions du prince Napoléon (Ulrich et Ulloa), venant de Toscane, et 2 divisions (Hugues et Fririon) appelées de France.

D'autres secours, empruntés à l'élément révolutionnaire européen, étaient tenus en réserve et n'apparaissaient pour le moment qu'à l'arrière-plan. Une légion hongroise s'organisait; Kossuth et même des Polonais étaient arrivés à l'armée alliée.

Il est temps maintenant que nous disions quelques mots du 5e corps, détaché en Toscane dès le début de la guerre, et ralliant à ce moment le gros de l'armée dans le quadrilatère, ainsi que des opérations dans l'Adriatique.

CHAPITRE XI

—

OPÉRATIONS DU 5e CORPS ET SA JONCTION AVEC LE GROS DE L'ARMÉE ALLIÉE

Nous avons rapporté précédemment (1) la révolution pacifique qui s'était opérée en Toscane dans les derniers jours d'avril. Nous avons dit aussi que le général Ulloa avait été délégué à Florence par le gouvernement piémontais pour y organiser les forces militaires du nouveau régime. Cet officier, nommé à cette occasion lieutenant général toscan et commandant en chef des troupes du grand-duché, se mit aussitôt à l'œuvre et déploya beaucoup d'activité. Mais sa tâche était difficile ; des rivalités et des jalousies s'en mêlèrent encore, et la mise sur pied de guerre ne marcha pas aussi rapidement qu'on l'espérait. Néanmoins, à la fin de mai, une brigade de 4 à 5,000 hommes, bien équipée et bien instruite, pouvait être mobilisée. Quinze jours plus tard une seconde brigade se plaçait à côté de la première, le tout formant une division d'environ 8,000 fantassins, 500 canonniers et 200 dragons, avec 18 bouches à feu. La formation d'une seconde division, la plupart de volontaire romagnols, fut dévolue aux soins du général Mezzacappo.

Vers le milieu de mai, le prince Napoléon, débarqué à Gênes dès le 12 mai avec une portion de son corps, reçut

(1) Voir Ier vol. p. 78.

l'avis de l'empereur qu'il était dirigé sur la Toscane par voie de mer.

Des délégués toscans eux-mêmes avaient sollicité une telle expédition au quartier général de l'empereur.

Le gendre de Victor-Emmanuel avait à remplir dans le grand-duché une mission à la fois militaire et politique.

Aux termes du rapport officiel, sa mission militaire était :

1° D'empêcher un corps autrichien de faire une pointe sur la Toscane et de priver l'ennemi des précieuses ressources de l'Italie centrale ;

2° De menacer le flanc gauche de l'armée autrichienne en compromettant ses lignes de retraite, et hâter son abandon des duchés de Parme et de Modène, dès après la première victoire de l'armée alliée.

Sa mission politique était :

1° De maintenir l'influence de la politique française dans le grand-duché, et surtout d'organiser militairement toutes les ressources qu'on pouvait tirer de ce pays, ainsi que des duchés de Parme et de Modène ;

2° De tenir en respect l'influence autrichienne dans les Romagnes, et de forcer le gouvernement de Vienne à maintenir strictement la neutralité vis-à-vis des États du pape ;

3° De garantir les Toscans contre un retour offensif des Autrichiens, et de maintenir ainsi le pays dans la cause des alliés.

La division d'Autemarre resta au gros de l'armée, provisoirement sous les ordres du commandant du 1er corps, et l'on sait qu'elle participa aux affaires de Montebello et de Palestro, qu'elle suivit en réserve l'armée, après Magenta, sur Novare, puis redescendit vers le sud, occupa les forteresses du bas Tessin, s'avança vers le Mincio par Crémone et se trouva, le 24 juin, vers Piadena, terrorisant de son approche une partie du 2e corps autrichien, qui crut avoir affaire à tout le 5e corps.

Le reste du 5e corps débarqua et se concentra à Livourne dès le 23 mai, la division Ulrich arrivant directement de France.

Le 31 mai, le prince transportait son quartier général à Florence, où il fut reçu avec de grandes démonstrations d'enthousiasme. Avec lui marchait sa 1re brigade, son artillerie et sa cavalerie. La seconde brigade fut dirigée de Lucques sur Pistoja pour occuper, par des postes avancés, tous les débouchés de l'Apennin. Le général Ulloa porta sa 1re brigade aux principaux débouchés de la Romagne.

Le 12 juin, le 5e corps commença son mouvement pour rallier la division d'Autemarre et le gros de l'armée (1).

La division Ulloa fut dirigée sur Parme par le duché de Modène et par le col de l'Abetone.

Les troupes françaises, qui se trouvaient de Lucques à San-Marcello et à Florence, marchèrent par Lucques, Massa, Pontremoli et Parme.

Cette marche dans un pays montagneux et sous de fréquents orages ne fut pas sans difficultés. Elle dura seize jours, dit le rapport du prince (2).

Le 30 juin le corps arriva sur le Pô devant Casal-Maggiore et se disposa au passage. L'opération avait bien ses obstacles et ses périls. Le fleuve n'a pas moins de 7 à 800 mètres de largeur sur ce point, et Mantoue, à 12 kilomètres de là, n'était pas investie. Néanmoins le passage se fit heureusement. Par les soins du génie et de l'artillerie de la division d'Autemarre, des bateaux de circonstance avaient été re-

(1) Nous empruntons ce renseignement au rapport officiel du prince. Cependant nous avons sous les yeux une lettre d'un officier attaché à l'état-major du général Ulloa, datée de Florence 17 juin, et annonçant le départ de leur état-major seulement pour le lendemain. Il s'en suivrait donc que les diverses parties du 5e corps auraient mis six jours à s'ébranler vers le nord.

(2) La jonction ayant eu lieu le 3 juillet, il résulterait de cette indication que le gros du corps ne se serait mis en route de la Toscane que le 17 juin, ainsi que la correspondance mentionnée ci-dessus nous le faisait supposer.

cueillis le long des rives. Il en manqua, à la vérité, pour un espace d'environ 150 mètres, mais on y suppléa par une sorte de bac au milieu du fleuve, formé de deux grands bateaux recouverts d'un pont.

Le 2 juillet, le 5e corps donnait la main à la division d'Autemarre, près de Piadena, et, le 3, il ralliait la grande armée entre Goïto et Valeggio. Le 4, le prince établissait son quartier général à Goïto.

Ce détachement a certainement rendu quelques bons services au point de vue politique, en popularisant la cause de la France dans ces contrées. Il est bon cependant, pour apprécier toute la portée de ces services, d'attendre que le sort de ces provinces soit définitivement tranché.

Au point de vue militaire, il doit avoir contribué, si l'on en croit les rapports de Giulay, à hâter la concentration rétrograde des Autrichiens sur le Mincio, après la bataille de Magenta. Enfin on a vu que, par suite d'une terreur peu justifiée du prince de Lichtenstein, le 5e corps paralysa le mouvement du 2e corps autrichien.

Malgré cela, nous croyons qu'au point de vue purement militaire cette diversion ne se justifiait pas complétement par les raisons qu'on en a données. Il semble que les forces du général de Goyon et celles organisées des pays révolutionnés étaient suffisantes pour tenir en échec, dans ces parages excentriques, les Autrichiens si gravement menacés d'ailleurs sur le Tessin. En tout cas, le 5e corps eût dû rallier plus tôt le gros de l'armée et se mettre hardiment en marche dans ce but, dès que les troupes autrichiennes, après la bataille de Magenta, évacuaient l'Italie centrale. S'il s'était mis, dès le 8 ou 9 juin, à la piste des Autrichiens, et qu'il eût accéléré sa marche, il eût pu sans doute rallier le gros de l'armée encore à temps pour coopérer à la bataille de Solferino.

Du reste, le succès des alliés ne leur a pas rendu sensible l'absence du 5e corps.

CHAPITRE XII

—

OPÉRATIONS DANS L'ADRIATIQUE

La France avait sur l'Autriche, isolée de toute puissance maritime dans cette guerre, un avantage immense, celui de ses puissantes flottes, qui lui assurèrent bientôt la domination dans les eaux de l'Adriatique.

Depuis 1858, la France s'était aussi créé un allié dans ces parages, à savoir le Monténégro, dont elle avait vivement soutenu les prétentions contre la Sublime-Porte.

Le 1er juin, le contre-amiral Jurien de la Gravière arriva avec quatre bâtiments devant Venise et notifia le blocus effectif de tous les ports de l'Autriche.

Mais la marine alliée ne pouvait se contenter d'un simple blocus. Le 23 mai, la composition d'une flotte de guerre fut décidée, et le 12 juin l'avant-garde de cette flotte, comptant en somme 54 bâtiments d'environ 800 canons, appareilla de Toulon. Parmi ces bâtiments, très-divers de force et de service, se trouvaient 19 canonnières et 3 batteries flottantes. Une division navale sarde de 5 bâtiments et 2 canonnières toscanes y figuraient aussi. Le commandant en chef était le vice-amiral Romain-Desfossés, ayant sous ses ordres les contre-amiraux Bouët-Villaumez et Dupouy comme chefs d'escadre.

La mission de la flotte combinée était de forcer les passages si difficiles du port de Venise, de pénétrer ensuite dans les lagunes et de s'emparer des forts dominant la ville. Un millier d'hommes seulement, de l'artillerie et de l'infanterie de marine furent d'abord embarqués.

Le premier rendez-vous était Antivari, port turc non loin de Cattaro, et depuis longtemps convoité par les Monténégrins; le second l'île de Lossini, à une vingtaine de lieues de Venise.

Le 29 juin, tous les vaisseaux étaient heureusement ralliés à Antivari, après une navigation assez pénible, et le 30 juin la première escadre se dirigeait sur l'île de Lossini.

Cette station, malgré son importance stratégique, n'était pas défendue. Les Autrichiens avaient, dès le début de la guerre, renoncé à toute idée de résistance maritime; ils avaient retiré leurs bâtiments dans leurs ports, armé de gros calibres de mer leurs retranchements et coulé plusieurs grands navires à l'entrée des trois défilés du port de Venise. Aussi l'amiral Romain-Desfossés put prendre possession de l'île de Lossini sans éprouver aucune résistance. Il fit son entrée le 3 juillet dans le port Augusto, y débarqua aussitôt les compagnies de la marine, et s'y installa pour faire de ce point une base d'opérations. C'eût été le Kamiesh de la guerre de Vénétie.

Pendant ce temps, d'autres troupes avaient été embarquées à Toulon pour rallier la flotte, et, au fur et à mesure que l'empereur Napoléon se rapprochait du Mincio par la Lombardie, il sentait le besoin de faire aussi agir énergiquement les flottes sur la Vénétie. Il ne s'agissait plus d'un simple bombardement ou débarquement sur les côtes, mais d'une véritable diversion facilitant l'attaque du quadrilatère.

A cet effet, un corps de 20,000 hommes devait être transporté d'Afrique et de France dans ces parages.

Le 5 juillet, une avant-garde de 3,000 hommes arriva devant Venise, sous le commandement du général de division Wimpffen, et une première tentative de débarquement devait avoir lieu immédiatement. On savait que cette opération serait bien facilitée par les dispositions de la population.

Enfin, le 8 juillet au matin, et en suite d'une dépêche de l'empereur datée du 6, la flotte appareilla pour l'attaque contre Venise. Elle était divisée en trois escadres : une de guerre proprement dite, composée de bâtiments d'évolution; une de transports portant les troupes de débarquement et escortée par les précédents, et une de siége comprenant les canonnières et les batteries flottantes. Celles-ci, tirant relativement peu d'eau et munies d'immenses calibres, dont le succès avait déjà été constaté en Crimée, devaient s'approcher à courte distance des côtes, éteindre le feu des forts et permettre ainsi aux bâtiments de débarquer les troupes. On espérait beaucoup de ces opérations combinées et agissant à la fois dans les lagunes et sur des digues. Il est à regretter, au point de vue de l'art, que les événements aient arrêté l'expérimentation au moment de son début.

CHAPITRE XIII

—

COUP D'ŒIL SUR LA SITUATION DE L'EUROPE

Tandis que les événements militaires se déroulaient dans la haute Italie, l'état politique des autres pays de l'Europe avait subi diverses transformations plus ou moins liées à la guerre.

Au commencement de juillet, l'Italie avait en quelque sorte changé de face. Non-seulement les duchés de Parme, de Modène et de Toscane possédaient des gouvernements populaires relevant de la couronne sarde; mais les Romagnes s'étaient aussi insurgées. Elles avaient constitué Bologne en centre indépendant, et proclamé leur réunion au Piémont.

Cette mesure était d'une haute gravité; elle traitait d'ores et déjà en ennemi le pape, à qui cependant des manifestes publics et des manifestations particulières de l'empereur Napoléon avaient promis respect et protection. Aussi le gouvernement sarde fut-il sérieusement engagé, assure-t-on, à repousser l'offre que lui faisaient les Romagnes. Le cabinet de Turin ne satisfit qu'à moitié à cette demande; il repoussa l'annexion, il est vrai, dans la forme; mais il accepta la dictature militaire de ces provinces, afin de faire concourir à la guerre de l'indépendance leurs forces et leurs ressources. M. Massimo d'Azeglio y fut délégué en qualité de commissaire et revêtu à cet effet du grade de général-major. Le général Mezzacappo, qui avait succédé à Ulloa dans le commandement des chasseurs des Apennins, se rendit aussi, de son côté, à Bologne et s'y trouva bientôt à la tête de nombreux volontaires. L'autorité pontificale ne se maintenait qu'au delà de la ligne de la Cattolica, et dans ces limites même l'émigration des jeunes gens accourant sous les drapeaux piémontais était constante. A Cesena, une répression eut déjà lieu de la part des troupes papales, composées en grande partie d'engagés suisses, allemands, belges, etc. A Pérouse, le 20 juin, des scènes plus sanglantes se reproduisirent. Cette ville s'étant aussi insurgée, elle fut attaquée par une colonne aux ordres du colonel Schmidt, prise d'assaut malgré une vigoureuse résistance et livrée à de regrettables excès de la part des vainqueurs.

Ces événements répandirent dans tous les rangs des patriotes italiens une vive indignation, non-seulement contre les mercenaires étrangers, mais surtout contre la Suisse, qu'on accusait, avec quelque exagération, de les fournir tous.

Il est de fait que le plus grand nombre des étrangers au service de Rome et de Naples étaient des Suisses, mais il faut reconnaître aussi qu'ils s'y trouvaient contre les lois expresses de leur pays et en vertu d'une prolongation abusive d'anciens traités. Il était par conséquent injuste de rendre la Suisse solidaire de ce qui se passait à Pérouse.

Les événements qui se produisirent bientôt à Naples ne tardèrent pas à le démontrer.

En suite des plaintes élevées par quelques Suisses établis ou voyageant en Italie, l'autorité exécutive de la confédération helvétique avait cru devoir insister de nouveau auprès du gouvernement napolitain pour faire disparaître de ses 4 1/2 régiments étrangers tous les insignes leur donnant un caractère suisse. Le gouvernement ayant adhéré à cette demande dès le milieu de juin, un mécontentement se manifesta dans les rangs des troupes, et surtout dans le 4ᵉ régiment (Berne), regrettant l'ours de son drapeau (1). Des germes de haine entre les divers corps et de mutinerie existaient, au reste, depuis longtemps, si bien qu'il est difficile de dire si la mesure sur les insignes suisses fut la cause ou seulement le prétexte des faits qui suivirent. Quoiqu'il en soit, les premières journées de juillet furent signalées par des infractions assez graves à la discipline, et le 7 juillet la mutinerie devint une véritable insurrection, qui aboutit au licenciement et à l'embarquement du plus grand nombre des soldats suisses au service de Naples.

Le gouvernement du nouveau roi, loin d'en avoir été affaibli, en fut, dit-on, renforcé, en ce que l'éloignement des troupes mercenaires rapprocha de lui bon nombre de ses sujets dissidents, et entre autres ceux de l'armée. On comprend que le gouvernement napolitain, préoccupé de ces embarras intérieurs et de quelques tendances d'agitation en Sicile, ne put pas se mêler activement à ce qui se passait dans l'Italie septentrionale et centrale. Néanmoins il concentra quelques troupes dans les Abruzzes, vers la frontière romaine, bien plus pour se défendre contre des tentatives d'insurrections révolutionnaires que dans le but d'y prêter un secours efficace au pape.

L'Autriche se trouvait à la fin de juin dans une situation vraiment critique. A part les manifestations de sympathie de quelques petits États de l'Allemagne, elle se voyait complétement isolée; non-seulement elle avait perdu deux batailles, mais la désertion augmentait dans les rangs des régiments hongrois. Des indices de soulèvement se manifestaient en

(1) Ce drapeau, objet spécial de la haine des Napolitains, qui l'appelaient la *Madona swizzera*, la *Madona brutta*, était en revanche particulièrement cher aux Bernois.

Hongrie, sous l'excitation des émigrés de 1849, espérant tenir enfin une occasion de prendre leur revanche. Les frontières de l'Herzégovine, de la Dalmatie, du Monténégro étaient déjà en proie à l'insurrection. La Russie, si influente sur les populations slaves qui entourent les confins danubiens et orientaux de l'Autriche, commençait aussi à faire mouvoir des troupes vers le sud, par précaution contre les complications dont l'Orient pouvait être le théâtre. En outre les finances du trésor autrichien étaient dans l'état le plus déplorable. Le seul appui qui pût venir à la couronne de Habsbourg était celui de l'Allemagne et d'une guerre générale; mais cet appui n'allait être obtenu qu'à un prix exorbitant, à savoir, celui de céder à la Prusse le premier rang dans la confédération. Ainsi, l'Autriche n'avait d'espoir que dans son armée. Mais cette armée avait fait de nombreuses pertes, et, sans être précisément démoralisée, elle se trouvait, on l'a vu, dans des conditions matérielles et morales bien inférieures à celles de ses adversaires. L'envoi de renforts à l'armée d'Italie était empêché par trois exigences également impérieuses : surveiller la Hongrie, se prémunir contre la Russie et fournir son contingent allemand — même plus que le contingent — afin d'entraîner l'Allemagne et de neutraliser les menées ambitieuses de sa rivale.

La Prusse avait, au milieu de ces événements, une position des plus difficiles à garder. Sa triple qualité de grande puissance européenne, de membre de la confédération germanique et d'État limitrophe de la France la plaçait sous l'empire d'obligations contradictoires.

Ses intérêts de grande puissance la portent instinctivement à désirer comme d'autres l'accroissement de sa prépondérance, et à cet effet un champ tout naturel, l'Allemagne, est ouvert à sa politique. La tentation de profiter des embarras de l'Autriche pour faire un pas en avant devait être bien forte.

Comme membre influent et éclairé de la confédération, la Prusse ne pouvait cependant pas froisser le sentiment national allemand au point de pactiser, dans un but égoïste, avec l'ennemi de l'Autriche.

Comme État limitrophe de la France et possesseur, entre autres, des provinces rhénanes, que les ambitions françaises les plus modérées font rentrer dans le système naturel de leurs frontières, la Prusse ne pouvait pas adopter à la légère une alliance avec le gouvernement autrichien, car elle eût engagé bien plus d'enjeux que celui-ci dans la défense d'une cause qui au fond n'était pas encore celle de la Prusse.

Le cabinet de Berlin nous paraît avoir habilement réussi à tenir compte des diverses exigences de cette situation, ou tout au moins avoir été heureusement servi par les hésitations familières à sa politique.

Nous ne saurions entrer ici dans l'énumération des longues négociations qu'il eut à soutenir avec l'Autriche, avec la diète et avec divers États de l'Allemagne en particulier, au sujet de la part que la confédération prendrait à la guerre et des limites dans lesquelles cette action s'exercerait. De nombreuses circulaires, propositions, contre-propositions et missions furent échangées à ce sujet.

L'Autriche, appuyée de quelques États secondaires, du Hanovre et de la Bavière entre autres, prétendait que la cause qu'elle défendait en Italie était celle de l'Allemagne même, qui tôt ou tard pâtirait de l'abandon dans lequel elle laisserait l'Autriche; que par conséquent la confédération se trouvait dans un cas de légitime défense qui justifiait des mesures militaires; et, avec plus de sentimentalisme que de raison, l'on évoquait les souvenirs de 1805 et 1806 comparés à ceux de 1813 et 1814, pour montrer les fruits funestes des actions isolées et les avantages de l'union.

La Prusse répondait qu'elle ne niait pas la solidarité qui la rattachait, ainsi que l'Allemagne, au sort d'un des membres importants de la confédération, mais qu'il y avait des dangers pour elle à prendre des mesures pouvant aboutir à une guerre générale; que dans ce cas la Prusse et l'Allemagne seraient plus exposées encore que l'Autriche, que par conséquent elles devaient tenir compte de leurs intérêts propres; que la Prusse avait, au reste, déconseillé l'agression du gouvernement de Vienne et protesté contre l'ultimatum envoyé à Turin; qu'elle voulait cependant bien, comme grande puissance, proposer sa médiation entre les parties et le faire d'une manière favorable aux droits de l'Autriche; mais qu'elle avait besoin, pour agir efficacement dans ce but, de l'appui énergique de toute l'Allemagne; qu'elle ne pouvait compter fermement sur un tel appui que si la Prusse avait la libre initiative des mesures militaires et le libre emploi des contingents allemands. En un mot, si la Prusse se décidait à prendre part à la guerre, ce ne serait pas tant comme confédérée soumise à certaines prescriptions que comme puissance indépendante, menant à sa suite ses auxiliaires.

L'Autriche ne pouvait évidemment pas accéder à de telles vues sans prononcer moralement sa déchéance comme grande puissance allemande. Elle ne pouvait également pas prendre le verbe bien haut pour repousser ces prétentions, vu l'état de ses affaires en Italie. Elle dut tergiverser, se traîner dans des équivoques, tout en poussant à des mesures militaires qui lui donnaient au moins l'apparence d'un appui. Un grand soulagement lui eût été apporté à ce moment-là par une atteinte quelconque des troupes alliées aux possessions autrichiennes du territoire fédéral.

Telle nous paraît, d'après des faits et des documents diplomatiques connus (1), la situation de l'Allemagne au commencement de juillet.

(1) Débats des chambres prussiennes, propositions à la diète, mission du général Willisen à Vienne, mission du prince Windisgraetz à Berlin, circulaire saxonne, etc.

Ayant ainsi carrière ouverte devant lui, le gouvernement prussien se mit en devoir d'exercer l'action qui lui convenait, opérant ses cheminements patriotiques en Allemagne, tout en cherchant à ménager la France ainsi que la Russie.

Déjà, le 23 avril, la Prusse avait, dans l'espoir d'empêcher la guerre, demandé à la diète la mise de piquet *(marschbereitschaft)* de tous les contingents et l'armement des forteresses fédérales, ce qui avait été adopté.

Dès les premiers jours de mai, la mise de piquet était étendue à tous les corps de l'armée prussienne (1), mais le gouvernement de Berlin protestait en même temps contre les demandes du Hanovre de former un corps d'observation dans le sud de l'Allemagne, et répandait le bruit, bien accueilli au delà du Rhin, que, s'il lui arrivait de mobiliser ses corps, ce serait plutôt pour tenir en bride les impatients du Hanovre, de Bavière et d'autre part, que pour faire la guerre à la France.

Mais l'esprit public allemand, agité par la presse autrichienne, excité par le souvenir des grandes guerres de l'empire, prenait de plus en plus un caractère d'hostilité contre Napoléon. Les antagonismes de race se réveillaient; les manifestations antifrançaises se multipliaient. La Prusse suivit le mouvement.

Après la bataille de Magenta elle se décida à mobiliser quelques corps pour former une armée d'observation sur le Rhin et à rappeler ses landwehrs de première levée. A la fin de juin, six corps étaient en mouvement, à savoir : la garde, les 3e, 4e, 5e, 7e et 8e. En outre, le cabinet de Berlin obtint de la diète que les 7e et 8e corps fédéraux, composés des contingents de Bavière, de Wurtemberg, de Baden et de Hesse-Darmstadt, formeraient une armée d'observation vers

(1) L'armée prussienne est composée de 9 corps. Le contingent fédéral est de 3 corps.

le haut Rhin sous les ordres supérieurs de la Bavière, et que les 9e et 10e corps allemands, composés de troupes du nord, seraient mis à la disposition du gouvernement prussien.

La manière dont ces forces devaient d'abord être disloquées n'avait rien de bien belliqueux. Elle pouvait tout à la fois servir à entretenir l'enthousiasme national, comme à appuyer les raisons de politique intérieure données à la France pour justifier ces mouvements.

C'était prendre, en somme, une position équivoque et plutôt défensive qu'offensive.

Pendant ce temps, la Prusse cherchait à se mettre d'accord avec les deux autres grandes puissances neutres sur les termes d'une médiation, accord difficile, car chacun des faits journaliers de la campagne commencée pouvait et venait, en effet, changer les bases de la médiation projetée.

Ce qui paraissait cependant devoir ressortir des efforts de la Prusse, c'est qu'elle maintiendrait à l'Autriche le plus possible de son territoire lombardo-venète, mais sans prendre d'engagements fixes à cet égard, et que les traités particuliers de la couronne autrichienne avec les duchés seraient révisés ou abandonnés. On sait déjà ce qu'en échange elle obtenait en Allemagne.

Les troupes prussiennes et allemandes étaient en pleine mobilisation lorsque l'Autriche déclara adhérer à ces dispositions militaires, demanda la mise sur pied de tout le contingent allemand et qu'il fût placé sous le commandement du prince-régent de Prusse.

Elle ne différait, en cela, des vues du cabinet de Berlin que sur le point essentiel pour celui-ci, à savoir la question du droit et de la compétence, l'une voulant rester dans les limites du pacte, et l'autre débarrasser son action de cette entrave.

La France avait suivi avec joie les succès de son armée.

Les populations, pleines de confiance, applaudissaient aux nouvelles répétées de victoires qui arrivaient de l'Italie.

Toutefois ces sentiments n'étaient pas exempts de quelque inquiétude. Les uns, préoccupés surtout des intérêts de l'Église, voyaient avec douleur l'armée française devenir plus ou moins complice d'événements qui amoindrissaient l'autorité temporelle du pape dans ses provinces. D'autres redoutaient l'essor des passions révolutionnaires que cette guerre pouvait provoquer dans toute l'Europe. D'autres ne comprenaient pas les avantages que la France retirerait de ses sacrifices, et si, en revanche, elle obtenait des territoires, ce serait au risque de se mettre à dos l'Europe entière. D'autres, enfin, craignaient qu'il ne sortît de la guerre d'Italie une guerre plus générale, contre toute l'Allemagne.

Cette dernière opinion surtout était facilement soutenable. Le gouvernement français n'avait pas pu voir ce qui se passait en Prusse et dans la confédération germanique sans prendre, de son côté, quelques mesures de prudence. Tout en faisant bon accueil aux raisons données par la Prusse pour ses mouvements militaires, il avait concentré des troupes vers la frontière du Rhin, en protestant aussi de ses intentions pacifiques.

Le camp de Châlons, aussi bien placé pour un camp de manœuvres que pour un camp d'observation, avait été renforcé dans son effectif et placé sous le commandement du général Schramm; enfin, une armée même s'était formée aux environs de Nancy, sous le nom d'armée de l'Est ou d'armée d'Allemagne. Elle était commandée par le maréchal Pélissier, et comptait, au commencement de juillet, 8 divisions d'infanterie et 4 de cavalerie. Ces forces devaient être encore accrues, car elles n'allaient pas tarder à se trouver en présence des troupes allemandes en marche vers le Rhin.

La Russie avait gardé la position que tous les actes de sa politique depuis la guerre d'Orient pouvaient faire prévoir; elle était restée sur le pied d'une neutralité menaçante pour l'Autriche. Et le jour où quelque incident des frontières danubiennes eût amené l'Autriche et la Turquie à agir de concert dans ces parages, ce jour-là, sans doute, la Russie serait aussi intervenue activement dans le débat.

Le gouvernement russe avait, on l'a vu, soutenu de sa diplomatie la France et le Piémont dans toutes les négociations qui précédèrent la guerre. Une fois les hostilités ouvertes, il avait continué le même rôle, et l'on ne saurait méconnaître les effets de son influence dans les lenteurs et dans les hésitations de l'Allemagne à prendre parti avec l'Autriche. Non-seulement le cabinet de Saint-Pétersbourg avait puissamment agi sur quelques cours avec lesquelles il est en rapports particuliers, mais dès la fin de mai le prince Gortschakoff avait adressé aux légations russes une circulaire habile autant qu'énergique sur le caractère purement défensif de la confédération germanique, qui ne manqua pas de faire réfléchir aux conséquences d'une levée de boucliers de la part de l'Allemagne (1). Dans cette éventualité la Russie faisait comprendre qu'elle ne pourrait plus rester neutre, et l'on sait déjà de quel côté elle eût penché.

En même temps le gouvernement russe mobilisait aussi des troupes et formait deux corps d'observation, un à la frontière de la Gallicie et l'autre en Lithuanie.

Toutefois nous aurions quelque raison de croire que le tzar ne pouvait pas accéder, sans réserves plus ou moins précises, aux actes du cabinet de Paris, et qu'entre autres il ne devait pas voir d'un très-bon œil le caractère révolutionnaire que la guerre prenait dans l'Italie centrale. Mais étant prêt, sans doute, à user de moyens semblables pour son

(1) Voir cet important document aux *Pièces justificatives*.

propre compte en Orient, il était assez mal placé pour faire valoir ses scrupules.

Quoiqu'il en soit, la France pouvait être presque certaine de l'appui moral de la Russie dans la tentative de médiation faite par la Prusse.

L'Angleterre était restée plus neutre en apparence qu'en réalité. Mais, ramenant tout à ses intérêts spéciaux, elle agissait avec la désinvolture qui lui est propre, et qui est si bien servie par ses institutions parlementaires.

Avant l'ouverture des hostilités la couronne britannique déclarait solennellement qu'elle ferait ses efforts pour *maintenir pure la foi des traités,* déclaration dont le caractère de partialité en faveur de l'Autriche était bien marqué. La campagne était à peine au milieu de sa période que l'Angleterre avait déjà passé de l'autre côté de la selle, et se montrait ardent promoteur de l'insurrection en Italie.

Il est vrai que, dans l'intervalle, un changement de ministère avait eu lieu à Londres. Dans les derniers jours de juin, les tories avaient été renversés par une coalition de nuances diverses, et le ministère Derby avait fait place à une combinaison Palmerston-Russell. Cela suffisait pour justifier, aux yeux du monde, une volte-face complète dans la question italienne.

On se tromperait cependant en croyant que cette évolution portât sur le fond même de la politique britannique. La différence était plutôt dans les procédés; les uns et les autres étaient engendrés, malgré leur contradiction, par la même idée nationale, c'est-à-dire par le désir d'empêcher l'agrandissement de l'influence française, sans renforcer d'autant celle de l'Autriche.

Lord Derby avait cru arriver à ce but en se rapprochant du cabinet de Vienne. Lord Palmerston jugea plus efficace de créer des embarras au gouvernement français en s'aidant de la révolution et en creusant les dissidences qui se manifestaient déjà, à propos des duchés et des Romagnes, entre les deux alliés. Ainsi les deux nobles lords restaient chacun dans ses traditions favorites. La France, à la paix, n'aurait rien de plus à attendre de l'un que de l'autre.

Si, à côté de cela, il était possible à un cabinet anglais de profiter de la préoccupation engendrée par les affaires d'Italie pour butiner quelque avantage national sur un autre théâtre, tories ou whigs l'eussent égalemeut fait aux applaudissements du pays.

En attendant, l'Angleterre avait armé ses flottes, renforcé ses stations navales de l'Adriatique et de la Méditerranée, et paraissait fort disposée à une médiation dont le principal but eût encore été, comme dans ses précédentes propositions, de purger l'Italie des troupes autrichiennes et françaises et d'y avoir ainsi plus libre carrière. Le parlement commençait à se plaindre de l'inaction de l'Angleterre dans cette grande lutte qui menaçait de devenir européenne. Des motions sur les affaires d'Italie avaient été annoncées pour les premiers jours de juillet, et l'on s'attendait à en voir sortir des décisions qui, avec les efforts réunis des deux autres puissances neutres, amèneraient des ouvertures de paix.

La Turquie avait été, comme on le pense bien, vivement émue des événements de la guerre, car ce pays est habitué, depuis près d'un siècle, à servir à la fois d'instrument et de victime au jeu des rivalités européennes.

A ce moment-là les prétextes exceptionnels d'immixtion dans ses affaires intérieures ne manquaient pas. La Servie, la Valachie, la Moldavie, le Monténégro, la navigation du Danube formaient autant de questions et de points de conflits se trouvant déjà entre les mains de l'Europe et au moyen desquels chaque puissance pouvait, suivant les besoins de sa politique, peser sur la Turquie. L'Autriche lui demandait d'assurer ses frontières et d'y réprimer les insurrections. De son côté, la Russie ne cesse de réclamer l'exécution plus réelle du hat-houmayoum de 1856. Des troubles incessants agitaient la Crète et l'Herzégovine, et un danger plus grand encore paraissait menacer l'Égypte. Le vice-roi n'aurait pas craint, assurait-on, pour faciliter l'entreprise française de l'isthme de Suez, de rompre les liens de suzeraineté qui le rattachaient à la Porte, et de recommencer ainsi les crises de 1840.

Mais la Turquie ne manque pas d'hommes d'État habiles en matière d'expédients. Cette fois encore ils détournèrent l'orage qui, au mois de mai, semblait s'amasser sur eux. La Porte capitula prudemment avec les uns et avec les autres. Elle évita les dangers pouvant venir du nord en cédant aux prétentions des princes Milosch et Couza, moyennant quelques réserves de forme, qui lui permettront de faire valoir ses prétentions en temps plus favorable ; elle se tut sur la question du Monténégro, ne protesta que faiblement contre l'occupation d'Antivari par la flotte française, et envoya quelques troupes dans l'Herzégovine pour maintenir l'ordre sur la frontière autrichienne.

Une mesure plus grave encore devait, dit-on, être prise au sujet de l'Égypte, sous la forme d'une grande démonstration contre les velléités séparatistes attribuées au vice-roi. Dans ce but, le sultan, désireux de visiter les diverses parties de son empire, aurait fait une grande promenade dans l'Archipel et dans la Méditerranée; Sa Hautesse serait descendue en Crète, et surtout en Égypte. Pour voyager avec tous les honneurs dus à son rang, elle aurait d'ailleurs été escortée de la flotte turque, plus d'une escadre anglaise.

Ce projet, qu'on a entouré peut-être d'exagération et de

merveilleux, reçut, assure-t-on, un commencement d'exécution. Le sultan fit bien une course dans l'Archipel, mais n'alla pas plus loin, et l'on ne manqua pas d'attribuer le temps d'arrêt aux nouvelles fraîchement arrivées de la bataille de Solferino et des événements qui suivirent. La Turquie est tellement, aujourd'hui encore, le pays du mystère et de la fable, que nous ne nous chargerons pas de démêler ce qu'il y a de fondé dans ces bruits d'expédition en Égypte.

Ce qui est plus authentique, c'est que le gouvernement ottoman ne se confia pas seulement dans l'adresse de ses concessions diplomatiques. Il prit aussi ses mesures militaires, appela les rédifs sous les armes et forma deux camps d'observation en Bulgarie, un près de Varna et l'autre aux environs de Schumla.

On nous pardonnera de compléter l'esquisse générale de la situation politique en ajoutant quelques mots sur la Suisse, intéressée plus que toute autre nation à la tournure que prendrait la guerre.

Comme État limitrophe des trois puissances belligérantes, et bientôt des quatre, si l'Allemagne entrait en lice comme pays neutre par la volonté collective de l'Europe ; comme gardienne des passages des Alpes, la confédération suisse pouvait n'être pas sans inquiétude sur l'avenir. Sans doute toutes les puissances avaient témoigné de leurs intentions de respecter sa neutralité ; mais les nécessités de la guerre ne respectent rien et sont au-dessus des déclarations faites en temps de paix. Un incident de la campagne pouvait jeter un corps plus ou moins considérable sur la frontière helvétique et fournir le prétexte à un corps ennemi d'en faire autant à son tour. En face d'un tel état de choses, le conseil fédéral avait cru devoir prendre quelques mesures militaires. Il avait mis de piquet une partie de l'armée et placé des troupes dans les cantons du Valais, du Tessin et des Grisons. Pour tenir la balance égale, sans doute, un état-major de division avait encore été cantonné à Genève avec faculté d'appeler, selon les exigences, les milices sous les armes.

On a vu que dans le Tessin, entre autres, ces précautions ne furent pas superflues et qu'elles auraient pu même n'être pas suffisantes.

Mais ces mesures en faveur de la neutralité générale de la Suisse étaient encore commandées par un fait plus spécial. La partie de la Savoie, au nord de la ligne d'Ugine-Lécheraine, a été déclarée par les traités de Vienne neutre aux mêmes conditions que la Suisse. En cas de guerre de la Sardaigne, nulles troupes, sauf celles autorisées par la confédération, n'y peuvent séjourner. Or, le chemin de fer de Culoz à Chambéry passe sur cette zone, et l'on pouvait bien prévoir que le gouvernement français ne se priverait pas de cette importante voie de communication s'il envoyait ses forces en Italie. Que ferait alors la Suisse? Pouvait-elle avoir la prétention d'empêcher ce passage? Et si elle fermait les yeux, l'Autriche ne chercherait-elle pas, dans l'occasion, à se prévaloir contre la Suisse de cette prétendue atteinte à sa neutralité? Dans ces prévisions et en face de textes de traités susceptibles, selon les points de vue, d'interprétations diverses, le conseil fédéral prit l'initiative d'une explication entre les États intéressés. Déjà le 14 mars, à l'occasion des bruits de guerre répandus dans le public, il adressa une circulaire aux puissances européennes, dans laquelle il déclarait la ferme intention de la Suisse de rester neutre en cas d'hostilités, et d'user, dans les limites de ses convenances, des droits à elle confiés par les traités sur la zone neutralisée de la Savoie.

Les réponses des cabinets purent être considérées par le conseil fédéral comme un acquiescement tacite à ses vues; toutefois celle de l'Autriche renfermait une restriction s'appliquant évidemment aux éventualités concernant la Savoie. Lorsque la guerre éclata et que les troupes françaises passèrent le mont Cenis en se servant du chemin de fer Victor-Emmanuel, le conseil fédéral se borna donc à prendre quelques dispositions éventuelles de précaution pour le cas où ces troupes eussent manifesté l'intention de *séjourner* et de s'étendre dans la zone neutre. Mais celles-ci étaient trop pressées d'arriver en Italie pour penser à s'arrêter en route; la plupart ne touchaient pas même terre; la Suisse n'eut pas à se préoccuper de leur rapide course à trois pieds au-dessus du sol.

L'Autriche ne pensa pas de même. Elle fit ses réserves contre cette prétendue violation de la neutralité helvétique, et, pour le cas où l'Allemagne se fût aussi lancée dans la guerre, il est probable que la réserve eût, selon les exigences, servi à quelque chose.

Au reste, les populations des cantons s'émurent peu de ces incidents diplomatiques. Si, en suivant avec intérêt les exploits des belligérants, leurs sympathies tendaient naturellement à se diviser et à se répartir selon les races, en revanche elles étaient unanimement et fermement décidées à faire respecter, envers et contre tous, la neutralité effective du sol suisse.

La partie quelconque qui aurait cru avoir bon marché d'un passage à travers la confédération, comme en 1814 par exemple, se serait évidemment trompée de la façon la plus grossière. Aussi, forte de cette sécurité et sachant qu'il suffit de quarante-huit heures, en Suisse, pour mettre sous les armes une centaine de mille hommes, l'autorité fédérale commença aussitôt, après la bataille de Magenta, le licenciement des milices sur pied dans le Tessin et le Valais.

En résumant les indications contenues dans ce chapitre, on voit donc qu'au commencement de juillet l'Europe s'acheminait, par mille incidents en germes, vers une conflagration plus générale, et que si l'Autriche pouvait, à la vérité, en espérer quelque secours, ce n'était qu'au prix de durs sacrifices et avec des chances bien périlleuses.

CHAPITRE XIV

ARMISTICE ET PAIX DE VILLAFRANCA

Le 7 juillet, tandis que la flotte de l'Adriatique se préparait à l'attaque de Venise, l'armée alliée pénétrait en plein dans le quadrilatère. La canonnade tonnait autour de Peschiera et une nouvelle bataille semblait proche.

D'autre part, l'empereur Napoléon ne pouvait pas ignorer la situation de l'Europe ni la prochaine médiation de la Prusse, de l'Angleterre et de la Russie. Déjà sa proclamation, après la bataille de Solferino, et le compte rendu du *Moniteur* avaient fait pressentir qu'il ne serait pas opposé à la paix.

Quelques bons procédés avaient aussi été échangés entre les états-majors français et autrichiens à l'occasion des prisonniers de l'un et de l'autre camp.

Le 6 juillet au soir, Napoléon III écrivit à l'empereur François-Joseph pour lui proposer un armistice et lui fit porter cette lettre à Vérone, par son premier écuyer, le général Fleury, chargé d'en développer les vues. En même temps il ordonnait pour le lendemain les dispositions suivantes de l'armée :

« Dès aujourd'hui, les troupes occupent les positions suivantes :
« Le maréchal Baraguey, avec deux divisions sardes, Castel-Nuovo.
« Le maréchal Niel, Oliosi.
« Le prince Napoléon, Salionze.
« Le maréchal Mac-Mahon, Santa-Lucia.
« Le maréchal Canrobert et la garde, Valeggio.

« Les Toscans qui sont à Goïto iront ce soir prendre position à Volta.

« La division Desvaux viendra s'établir sur la droite du Mincio, sur l'emplacement qu'occupait naguère la cavalerie de la garde, prête à passer les ponts.

« Demain, à trois heures du matin, le corps d'armée du maréchal Canrobert se mettra en bataille dans la plaine, en appuyant sa droite à Valeggio, sa gauche vers les collines près de Venturelli. La garde impériale sera en réserve derrière, la droite à Valeggio, la gauche vers Fornelli. La cavalerie de la garde sera massée en arrière de l'infanterie.

« La cavalerie Desvaux sera en arrière de la droite de la première ligne d'infanterie du maréchal Canrobert.

« Le maréchal Mac-Mahon couvrira les hauteurs qui sont devant lui.

« Le maréchal Niel fera de même.

« Le maréchal Baraguey d'Hilliers se mettra en bataille à Castel-Nuovo en faisant face du côté de Pastrengo, les deux divisions sardes occupant à droite et à gauche les positions que le maréchal jugera les plus convenables.

« Le prince Napoléon se portera avec son corps d'armée par les sentiers qui vont de Salionze rejoindre la grande route de Castel-Nuovo; il massera ses divisions en arrière de la grande route, prêtes à se porter soit à droite, soit à gauche, soit en avant, pour soutenir les corps qui en auraient besoin.

« Si, comme je le suppose, l'ennemi attaque à la fois de tous les côtés, il sera faible partout. — En le voyant repoussé dans la plaine du côté de Valeggio, le maréchal Canrobert se porterait vers Custozza, à droite, tandis que le maréchal Mac-Mahon se porterait à gauche, vers le même lieu.

« Le maréchal Niel devra se porter sur San-Giorgio pour y soutenir la droite du maréchal Baraguey, et de là, si l'attaque a été repoussée, sur Sona, tandis que les maréchaux Mac-Mahon et Canrobert se porteraient sur Somma-Campagna.

« Le maréchal Baraguey, s'il a pu repousser l'ennemi, le poursuivra vers Pastrengo. On n'emportera aucun bagage. — Les bidons seront pleins d'eau mêlée d'eau-de-vie; on laissera un faible bataillon à la garde des camps. Les hommes prendront leurs sacs, dans lesquels il n'y aura que du biscuit et des cartouches. Tous laisseront leurs capotes au camp et n'auront que la veste.

« Dès que l'ennemi paraîtra, on commencera le feu de l'artillerie. — Les lignes d'infanterie seront disposées, quand le terrain le permettra, alternativement en bataillons déployés et en bataillons en colonnes doubles. On évitera des tirailleries inutiles, et, pendant que les bataillons déployés feront un feu de file, les autres battront la charge et aborderont l'ennemi à la baïonnette.

« Napoléon. »

Les victoires qu'avaient remportées les alliés, la présence du gros de leurs forces au sein même du redoutable quadrilatère, l'offensive combinée de l'armée et des flottes, l'organisation de la légion hongroise étaient autant de voix qui devaient plaider éloquemment en faveur de l'armistice offert et ôter, en tout cas, à cette démarche tout caractère de lâche condescendance. En cas de refus, Napoléon III était prêt à agir énergiquement, tout comme il était prêt à négocier la paix en cas d'acceptation.

L'empereur François-Joseph était couché lorsqu'on lui annonça la lettre de Napoléon. Surpris, comme on le pense, il se leva aussitôt, prit connaissance du message et en conféra d'une manière très-affable avec le général Fleury. Il reçut du délégué français diverses explications, et entre autres la confirmation d'une nouvelle que Sa Majesté avait apprise le soir même, c'est-à-dire les récents préparatifs de la flotte contre Venise et la prise de Lossini. L'empereur d'Autriche promit sa réponse pour le lendemain matin, et en effet Sa Majesté la lut au général Fleury le 7 juillet, à huit heures du matin. Par cette lettre, François-Joseph déclarait accepter la proposition d'un armistice. Le général Fleury écrivit aussitôt à l'amiral Romain-Desfossés de suspendre l'attaque contre Venise, puis il repartit pour Valeggio.

Toute l'armée alliée était sous les armes, en avant de Valeggio, en suite des ordres de la veille, et s'attendait à une bataille. Mais, à midi, elle regagnait ses bivouacs, et la prise d'armes de cette matinée fut en quelque sorte le dernier service de guerre de la campagne.

Le lendemain, des délégués des trois puissances (feld-maréchaux Hess et Mensdorff pour l'Autriche, maréchal Vaillant et général Martimprey pour la France, lieutenant général della Rocca pour la Sardaigne) se rencontrèrent à Villafranca et y réglèrent les conditions définitives de l'armistice dans les termes suivants :

« ARTICLE PREMIER. Il y aura suspension d'armes entre les armées alliées de S. M. le roi de Sardaigne et de S. M. l'empereur des Français, d'une part, et les armées de S. M. l'empereur d'Autriche, d'autre part.

« ART. 2. Cette suspension d'armes durera, à dater de ce jour, jusqu'au 15 août, sans dénonciation. En conséquence, les hostilités, s'il y avait lieu, recommenceraient, sans avis préalable, le 16, à midi.

« ART. 3. Aussitôt que les stipulations de cette suspension d'armes auront été arrêtées et signées, les hostilités cesseront sur toute l'étendue du théâtre de la guerre, tant par terre que par mer.

« ART. 4. Les armées respectives observeront strictement les lignes de démarcation suivantes, qui ont été définies pour toute la durée de la suspension d'armes. L'espace qui sépare les deux lignes de démarcation est déclaré neutre, de sorte qu'il sera interdit aux troupes des deux armées. Lorsqu'un village sera traversé par la limite, l'ensemble de ce village sera à la jouissance des troupes qui l'occupent.

« Les frontières du Tyrol, le long du Stelvio et du Tonale, forment une délimitation commune aux armées belligérantes.

« La ligne de démarcation franco-sarde part de la frontière du Tyrol, passe par Bagolino, Lavenone et Idro, traverse la crête qui sépare le val Degagna du val de Toscolano et aboutit à Maderno, sur la rive occidentale du lac de Garde.

« Les troupes piémontaises stationnées dans les localités de Rocca d'Anfo garderont les positions qu'elles occupent présentement.

« Entre la rive orientale du lac de Garde et l'Adige, il y aura une ligne de démarcation tracée au sud de Lazise, depuis Vallona par Saline jusqu'à Pastrengo; cette ligne marquera la limite des positions franco-sardes.

« Depuis Pastrengo, la ligne de démarcation franco-sarde suivra la route qui mène à Somma-Campagna, et de là passera par Pozzo-Moretto, Prabiano-Quaderni et Massimbona à Goïto.

« La ligne de démarcation autrichienne s'étendra depuis la frontière du Tyrol, près de Ponte-del-Caffaro, jusqu'à Rocca d'Anfo, où les troupes garderont les positions qu'elles occupent présentement, et comprendra la route qui communique entre ces deux points; se détachant ensuite de la pointe nord-est du lac d'Idro, la ligne de démarcation autrichienne suivra la frontière du Tyrol et le ruisseau nommé Toscolano jusqu'à la localité du même nom, située sur les bords du lac de Garde.

« La route qui conduit de Lazise à Ponton servira de délimitation aux frontières autrichiennes entre la rive orientale du lac de Garde et l'Adige.

« Les bateaux de la flottille autrichienne du lac de Garde communiqueront librement entre Riva et Peschiera; toutefois, dans la partie méridionale du lac en dessous de Maderno et de Lazise, ils ne pourront aborder qu'à Peschiera, et dans cette partie du parcours ils éviteront de s'écarter de la côte orientale.

« En s'appuyant sur l'Adige, à Bussolengo, la ligne de démarcation autrichienne se dirigera ensuite sur Mantoue par Dossoduono, Izolalta, Nogarode, Bagnole, Canadole et Drasso.

« Villafranca et tout le terrain compris entre les deux lignes de démarcation sont déclarés neutres.

« A partir de Goïto, la ligne de démarcation franco-sarde, restant toujours sur la rive droite du Mincio, passera par Rivalta-Castel-Lucchio, Galbianna, Sezone, et touchera le Pô à Scorzarolo.

« La ligne de démarcation autrichienne se dirigera de Mantoue sur Curtatone et Montanara, et ensuite le long de Valli à Borgoforte.

« En aval de Borgoforte, le Pô forme une ligne de démarcation naturelle entre les armées belligérantes jusqu'à Ficarolo, et de là jusqu'à son embouchure à Porto-di-Gero.

« Au delà du Pô, la ligne de démarcation est naturellement tracée par les côtes autrichiennes de l'Adriatique, y compris les îles qui en dépendent, et jusqu'à la dernière pointe méridionale de la Dalmatie.

« Art. 5. Les chemins de fer de Vérone à Peschiera et à Mantoue pourront, pendant la suspension d'armes, servir à l'approvisionnement des places fortes de Peschiera et de Mantoue, à la condition expresse que l'approvisionnement de Peschiera soit terminé dans l'espace de deux jours.

« Art. 6. Les travaux d'attaque et de défense de Peschiera resteront, malgré la suspension d'armes, dans l'état où ils se trouvent actuellement.

« Art. 7. Les bâtiments de commerce, sans distinction de pavillon, pourront librement circuler dans l'Adriatique.

« Fait et arrêté, sauf ratification, entre nous soussignés chargés de pleins pouvoirs de nos souverains respectifs, le lieutenant général della Rocca, premier aide de camp de S. M. le roi de Sardaigne, chef d'état-major de l'armée sarde; le maréchal Vaillant, major général de l'armée française; le général de division de Martimprey, aide-major général de la même armée, et le général d'artillerie baron de Hess, chef d'état-major de l'armée autrichienne, et le comte Mensdorff-Pouilly, général de division de l'armée autrichienne, d'autre part.

Signé à l'original :

« Maréchal Vaillant.

« Lieutenant général della Rocca.

« Général de Martimprey.

« Feldzeugmeister Hess.

« Lieut.-feld-maréchal Mensdorff. »

On pouvait bien prévoir que ces premières bases de rapprochement et d'entente seraient suivies d'autres négociations en vue de la paix. Déjà le général Fleury avait, à Vérone, parlé des bons résultats que pourrait avoir une entrevue personnelle entre les deux souverains. Des lettres furent échangées entre Leurs Majestés le 9 et le 10 juillet, et le prince Alexandre de Hesse fut délégué au quartier général français. Enfin, une entrevue fut décidée entre les deux empereurs pour le 11 juillet, à Villafranca.

Cette rencontre eut lieu avec un cérémonial à la fois simple et solennel. Les deux souverains s'abordèrent fraternellement; puis ils se rendirent dans une habitation particulière, où ils conférèrent tête à tête pendant environ une heure. Ils sentirent tous deux, sans doute, les avantages d'un arrangement en dehors de l'influence des autres États de l'Europe, et ils finirent par s'entendre verbalement sur les bases générales d'un traité à cet effet.

Quelques heures plus tard, le prince Napoléon fut délégué à Vérone pour y porter la rédaction des points proposés par l'empereur des Français comme préliminaires du traité. Le prince les discuta en détail avec l'empereur d'Autriche, et rapporta le soir même à son souverain les vues écrites de François-Joseph. Le 12 juillet, S. M. Napoléon III retournait à Vérone ces préliminaires signés de sa main.

Les résolutions admises, après concessions réciproques, étaient les suivantes :

« Les deux souverains favorisent la création d'une confédération italienne.

« Cette confédération sera sous la présidence honoraire du saint-père.

« L'empereur d'Autriche cède à l'empereur des Français ses droits sur la Lombardie, à l'exception des forteresses de Mantoue et de Peschiera, de manière que la frontière des possessions autrichiennes partirait du rayon extrême de la forteresse de Peschiera, et s'étendrait en ligne droite le long du Mincio jusqu'à la Grazie; de là à Scarzarola et

Suzana au Pô, d'où les frontières actuelles continueront à former les limites de l'Autriche. L'empereur des Français remettra le territoire cédé au roi de Sardaigne.

« La Vénétie fera partie de la confédération italienne, tout en restant sous la couronne de l'empereur d'Autriche.

« Le grand-duc de Toscane et le duc de Modène rentrent dans leurs États, en donnant une amnistie générale.

« Les deux empereurs demanderont au saint-père d'introduire dans ses Etats des réformes indispensables.

« Amnistie pleine et entière est accordée de part et d'autre aux personnes compromises à l'occasion des derniers événements dans les territoires des parties belligérantes. »

La guerre était terminée ; l'armée française en reçut aussitôt avis par une proclamation en ces termes :

« Soldats !

« Les bases de la paix sont arrêtées avec l'empereur d'Autriche, le but principal de la guerre est atteint, l'Italie va devenir pour la première fois une nation. Une confédération de tous les États de l'Italie, sous la présidence honoraire du saint-père, réunira en un faisceau les membres d'une même famille ; la Vénétie reste, il est vrai, sous le sceptre de l'Autriche ; elle sera néanmoins une province italienne faisant partie de la confédération.

« La réunion de la Lombardie au Piémont nous crée de ce côté des Alpes un allié puissant qui nous devra son indépendance. Les gouvernements restés en dehors du mouvement ou rappelés dans leurs possessions comprendront la nécessité de réformes salutaires. Une amnistie générale fera disparaître les traces des discordes civiles. L'Italie, désormais maîtresse de ses destinées, n'aura plus qu'à s'en prendre à elle-même si elle ne progresse pas régulièrement dans l'ordre et la liberté.

« Vous allez bientôt retourner en France; la patrie reconnaissante accueillera avec transport ces soldats qui ont porté si haut la gloire de nos armes à Montebello, à Palestro, à Turbigo, à Magenta, à Marignan et à Solferino; qui en deux mois ont affranchi le Piémont et la Lombardie, et ne se sont arrêtés que parce que la lutte allait prendre des proportions qui n'étaient plus en rapport avec les intérêts que la France avait dans cette guerre formidable.

« Soyez donc fiers de vos succès, fiers des résultats obtenus, fiers surtout d'être les enfants bien-aimés de cette France qui sera toujours la grande nation, tant qu'elle aura un cœur pour comprendre les nobles causes et des hommes comme vous pour les défendre.

« Au quartier impérial de Valeggio, le 12 juillet 1859.

« NAPOLÉON. »

Le 6 août, les délégués des trois puissances se réunirent à Zurich, où, après trois mois de débats, ils signèrent la paix sur les bases des préliminaires de Villafranca (1).

Nous n'avons pas à nous occuper ici des événements qui suivirent, ni des obstacles que rencontra la pleine exécution des traités de Zurich. Cela nous serait d'autant plus difficile qu'au moment où nous écrivons ces lignes la situation de l'Italie est encore dans le même état d'incertitude où l'a placée la suspension d'armes subite de Villafranca. Les faits accomplis paraissent y devenir la règle du droit.

D'autre part, la situation générale de l'Europe s'est compliquée. Il a répugné à quelques puissances de sanctionner, dans ces conditions, les traités de Zurich, et en outre des perspectives assez certaines d'agrandissement de la France en Savoie et dans le comté de Nice, qui commencent à se faire jour, ont plus ou moins refroidi les relations entre les États signataires des traités de Vienne.

Pour terminer le récit de la campagne, mentionnons qu'une partie de l'armée française rentra en France pour le 15 août, où elle jouit d'un vrai triomphe romain, tandis que 60,000 hommes furent laissés et se trouvent encore en Italie, sous le commandement du maréchal Vaillant.

(1) Voir aux *Pièces justificatives*.

CHAPITRE XV

—

APPENDICE

Les chapitres qui précèdent étaient déjà imprimés presque en entier lorsque nous avons reçu le deuxième volume de M. de Bazancourt sur la *Campagne d'Italie de 1859*. Ce second volume, aussi attrayant de style que le premier et également riche en citations de documents authentiques, nous apporte quelques éclaircissements intéressants sur plusieurs points, qui nous font vivement regretter de ne l'avoir pas eu plus tôt entre les mains. En nous mettant mieux à même de rendre justice aux acteurs de divers incidents importants du grand drame de Solferino, il eût facilité une partie notable de notre tâche. Toutefois ce livre ne modifie que dans quelques détails secondaires nos appréciations.

Nous indiquerons brièvement ici les observations et rectifications que nous devons ajouter à notre critique :

Les détails qui nous sont fournis sur le combat de Melegnano viennent confirmer, en somme, nos observations du chapitre III (1). Nous voyons, entre autres, que l'empereur en ordonnant à Baraguey d'Hilliers, le 7 juin, de se diriger le lendemain sur Melegnano, a bien eu l'intention de couper

(1) IIe vol., p. 13.

la retraite aux Autrichiens. Voici le texte de l'ordre à cet effet :

« Maréchal, vous partirez demain, à quatre heures du « matin, de San-Pietro-l'Olmo ; vos deux premières divisions « passeront par Settimo et Baggio ; votre troisième, l'artillerie « et les bagages suivront la grande route ; vous traverserez « Milan et vous camperez sur la route de Melegnano à San-« Donato ou à San-Giuliano, prêt à soutenir le maréchal « Mac-Mahon. Le but de cette marche est d'*intercepter les « Autrichiens qui se retirent de Binasco et de Landriano sur « Lodi* (1). »

En conséquence, nous persistons à croire que le maréchal serait mieux entré dans l'esprit de sa mission en portant son corps et le 2e plus à gauche. En revanche, nous devons reconnaître que la marche de ses troupes fut ralentie par de nombreux obstacles tout à fait imprévus et indépendants de sa volonté.

Pour la bataille de Solferino, nous avons, comme nous le prévoyions, trop laissé dans l'ombre maints épisodes marquants des actions tactiques.

Les généraux Ladmirault et Forey durent, par exemple, faire bien plus d'efforts que nous ne l'avons signalé pour arriver devant le cimetière et devant la tour, et pour emporter ces positions.

Nous aurions pu aussi, sans être accusé de flatterie, mentionner que l'empereur Napoléon suivit attentivement et de près les terribles péripéties sur ce point, et qu'il y affronta même de grands dangers. Les projectiles de l'ennemi frappèrent dans son escorte.

(1) Bazancourt, tome II, p. 47.

Nous apprenons également que la cavalerie de la garde se trouva, dès onze heures, à la disposition du maréchal Mac-Mahon.

Les voltigeurs de la brigade Manèque, un moment repoussés des hauteurs entre Solferino et Cavriana, et soutenus à temps par les grenadiers, manquaient de munitions. Ils regarnirent leurs gibernes au moyen de celles des grenadiers et s'élancèrent de nouveau en avant.

Sept canons furent très-bravement et très-originalement capturés dans le village de Solferino par le lieutenant Moneglia, des chasseurs à pied de la garde.

La brigade Bataille, de la division Trochu, se trouvait un peu en arrière de Medole, lorsqu'elle reçut, *à midi et demi*, l'ordre d'appuyer le général Niel. A *une heure et demie*, dit le rapport du général Trochu, elle entrait en ligne. A trois heures elle attaquait (1). Ces renseignements positifs font cesser les doutes que nous manifestions aux pages 84, 85 et 86, par suite des contradictions des rapports, et confirment notre opinion sur l'assistance que le commandant du 3e corps s'empressa de donner à son collègue du 4e.

Un renseignement très-important sur le débat entre les deux maréchaux est donné par le livre de M. de Bazancourt. Non-seulement il publie le texte de l'ordre envoyé par l'empereur à Canrobert pour faire surveiller le corps autrichien sorti de Mantoue, mais il explique encore les particularités qui en accompagnèrent la transmission et la réception.

(1) Bazancourt, tome II, p. 251-254.

Voici ce document, tel que le recevait le maréchal à dix heures et quart du matin :

« 24 juin, 6 heures 3|4 du matin.

« L'empereur vous adresse la lettre ci-jointe; Sa Majesté vous invite à bien faire observer le côté indiqué par ce renseignement.

« Assola, 28 juin 1859, 8 heures du soir.

« Un voiturier, sorti aujourd'hui de Mantoue, rapporte qu'un corps autrichien, que l'on juge être fort de 20 à 30,000 hommes, infanterie, cavalerie, artillerie, est sorti de la place de Mantoue par la porte Pradella, et s'est avancé sur la route postale de Marcaria; ses avant-postes sont tout près de nous, au village d'Acqua-Negra.

« Je me hâte de vous envoyer ces renseignements afin que vous leur donniez la valeur que vous croyez qu'ils puissent mériter. »

« FERGI ANDREA. »

Ce premier ordre fut, comme on le voit par le texte ci-dessus, expédié de Montechiaro à six heures trois quarts du matin.

Mais vers neuf heures l'empereur, étant auprès de Mac-Mahon vers la Casa-Morino, avait reçu l'avis que Niel, pour appuyer la droite du 2e corps, attendait que Canrobert pût, à son tour, se relier à la droite du 4e. A cet effet l'empereur avait expédié au commandant du 3e corps un second ordre (verbal) pour l'inviter à se porter à gauche. Les deux officiers d'ordonnance de l'empereur, porteurs de ces ordres, coururent longtemps l'un et l'autre après le maréchal Canrobert sans pouvoir l'atteindre, et finirent par se rencontrer près de Medole. Faisant dès lors route ensemble, ils se présentèrent en même temps au maréchal, à dix heures un quart.

On sait déjà que le commandant du 3e corps avait pris, de son chef, des mesures qui satisfaisaient aux deux exigences contradictoires en face desquelles il se trouvait; mais on comprend que son embarras dut s'accroître par l'arrivée de ces deux messages. Il ne pouvait pas exiger que l'empereur, à deux lieues plus à gauche, le renseignât heure par heure sur ce qui se passait à l'extrême droite. Par conséquent l'ordre écrit parti à six heures trois quarts du matin pouvait encore avoir de la valeur à dix heures un quart, malgré l'ordre verbal postérieur.

Le fait de l'expédition de ce second ordre à neuf heures (1) nous oblige aussi à retirer le doute que nous avions exprimé, page 88, sur la possibilité de quelque négligence de l'empereur quant aux mouvements de sa droite.

En revanche, nous avons omis de faire ressortir un fait à l'avantage de Canrobert. N'ayant pas pris garde que sa cavalerie (Partouneaux) avait été détachée au 4ᵉ corps, nous devons reconnaître qu'il n'eut pas, pour s'éclairer au loin et promptement sur sa droite, les ressources que nous lui supposions.

A cette occasion nous devons confesser que nous n'avons pas fait à la cavalerie Partouneaux et Desvaux une part assez grande dans la lutte héroïque que soutint le 4ᵉ corps, assisté du 3ᵉ. Les escadrons du général Desvaux secondèrent énergiquement, entre autres, l'offensive de Trochu.

Notre embarras (note de la page 66) à l'occasion des troupes de la division Vinoy, indiquées par Canrobert comme étant à Rebecco, nous est expliqué par le fait que deux bataillons du 73ᵉ furent détachés à la division de Luzy. Ainsi se rectifie l'erreur apparente du rapport plaçant le 73ᵉ dans la division de Luzy.

Nous apprenons, par M. de Bazancourt, que S. M. le roi Victor-Emmanuel assista au dernier assaut de San-Martino.

(1) M. de Bazancourt ne donne pas l'heure de l'expédition de cet ordre, mais nous avons lieu de croire que ce fut aux environs de neuf heures.

Enfin nous devons nous excuser d'avoir peut-être trop négligé maintes actions d'éclat et même de sublimes dévouements, d'avoir ici et là oublié quelque noble victime, tandis que d'autres fois des noms propres se sont rencontrés sous notre plume, sans que nous nous en rendions nous-même raison. Mais nous répétons à cet égard que notre première intention a moins été de donner un récit historique complet que de nous livrer à une étude stratégique.

Quant à la mission du 5e corps français, les renseignements nouveaux de M. de Bazancourt ne font qu'augmenter nos incertitudes. Il en ressortirait les faits suivants :

Le *10 juin*, le prince Napoléon demandait lui-même à l'empereur de pouvoir quitter la Toscane, réunir son corps et prendre une part plus active aux opérations.

Le *12 juin*, le colonel Franconière, porteur du rapport renfermant cette demande, arrivait au quartier général à Milan.

Le *11 juin*, l'empereur envoyait au prince Napoléon, par dépêche télégraphique, l'ordre de concentrer son corps d'armée à Plaisance (1). La division d'Autemarre s'y trouverait le 14 ou le 15.

Le 12 juin, le prince prit ses dispositions pour le départ et donna des ordres pour que toutes les troupes françaises fussent réunies à Massa, le 19, c'est-à-dire *huit jours* après avoir reçu l'ordre de mobilisation demandée à Milan. Le 20 elles partirent par Pontremoli, tandis que la division Ulloa passait l'Abetone et marchait par Modène. La réunion devait s'effectuer à Parme.

(1) Il y a dans le texte de M. de Bazancourt une contradiction qui nous fait craindre quelque erreur de dates. Il semblerait (page 26) que c'est en suite du rapport du prince du 10 que l'empereur envoya son ordre du 11. Mais quelques lignes plus haut on voit que ce rapport ne parvint à l'empereur que le 12.

De fréquentes dépêches de l'empereur, dit M. de Bazancourt (page 301), enjoignirent au prince de hâter sa marche et d'opérer sans retard sa jonction.

D'après ces renseignements on doit reconnaître qu'il n'a pas dépendu de Sa Majesté que le prince arrivât encore à temps pour la bataille de Solferino, car on peut bien, sans exagération, estimer à une dizaine de jours le temps perdu par le 5e corps en préparatifs de départ et en marches.

Puisque nous parlons de l'ouvrage de M. de Bazancourt, on nous permettra de relever encore un passage de cette brillante narration, qui peut s'appliquer en première ligne à nous-même.

A la page 380, IIe volume, l'auteur, après avoir parlé des difficultés de la campagne, ajoute :

« Certes, il ne manquera pas non plus d'habiles tacticiens « de cabinet qui referont sur le papier, pendant les tran« quilles loisirs de la paix, des batailles de Magenta et de « Solferino, et trouveront des trésors inconnus de stratégie « audacieuse et décisive. — Tout cela nous représente « quelque peu les manœuvres habiles et toujours heureuses « des petites guerres. C'est la bataille de Solferino, gagnée « régulièrement tous les ans par les Autrichiens, et qu'ils ont « perdue la première fois qu'ils l'ont réellement livrée. »

En vérité on ne saurait accumuler plus d'idées fausses en aussi peu de mots.

Si les Autrichiens ont perdu la bataille de Solferino, ce n'est pas, sans doute, parce qu'ils l'avaient répétée tous les ans dans leurs petites guerres, mais plutôt parce qu'ils l'auront mal étudiée, ou qu'ils n'ont pas su mettre à profit leurs études. S'ils s'étaient conformés, le 24 juin, à certains principes dont il est facile de se convaincre en temps de paix, par l'expérience de l'histoire, ils s'en seraient certes mieux trouvés, tout comme s'ils avaient moins bien connu leur terrain, il est probable que leurs pertes eussent été plus grandes encore par les difficultés de la retraite.

Nous ne comprenons pas non plus l'opportunité de la tirade contre les *habiles tacticiens de cabinet.* Quand M. de Bazancourt débrouille et décrit les événements militaires, quand, çà et là, il loue les uns, plaint les autres, et juge, sinon les opérations des alliés, au moins celles de leurs adversaires, il essaie bien un peu, quoiqu'il en dise, d'entrer à son tour dans le champ de la tactique. Nous ne le lui reprocherons pas, car nous ne sommes pas de l'opinion qu'il soit nécessaire d'avoir vieilli sur les champs de bataille pour connaître l'art de la guerre; et si nous avions ce travers, M. de Bazancourt pourrait nous répliquer avantageusement par le mot du grand Frédéric sur la mule du prince Eugène. Nous remarquerons seulement que le rôle critique de M. de Bazancourt, dont il se tire souvent fort bien, du reste, jure singulièrement avec ses gourmades contre les tacticiens de cabinet, tandis que celles-ci ne s'accordent guère avec la mission de simple chroniqueur qu'il revendique.

A la vérité il ne manque pas d'écrivains qui se croient des tacticiens, mais qui n'en sont point réellement, et qui veulent néanmoins juger des événements sans avoir les moindres notions nécessaires à ce sujet. Si c'est de ceux-là que M. de Bazancourt a voulu parler, nous concevons sa grande colère; mais, au ieu de se servir de cette dénomination, il aurait dû les appeler les *faux tacticiens.*

Croit-il que Turenne, Condé, Frédéric le Grand, Napoléon Ier n'aient pas été des tacticiens de théorie ou de cabinet avant d'être de grands capitaines? Napoléon III, qui commandait pour la première fois en 1859, eût-il aussi habilement manœuvré à Magenta et à Solferino s'il n'avait été tacticien de cabinet avant d'être à la tête de ses troupes, s'il n'avait dès longtemps compris que l'étude de la stratégie et de la tactique était indispensable pour arriver à bien diriger une armée ?

Ce n'est pas des militaires possédant les notions fondamentales de la guerre, ne fût-ce qu'en théorie, que viendront les critiques que M. de Bazancourt foudroie d'avance. Aucun d'eux ne pourra hésiter à reconnaître dans les manœuvres qui ont amené le passage du Tessin et dans la suprême résolution de lancer, à Solferino, tous les efforts des alliés sur le centre autrichien une application très-juste des vrais principes de l'art, et à rendre hommage à qui de droit. Étant à même d'apprécier, peut-être mieux que d'autres, toute la portée de ces faits et de remonter des résultats aux causes, ils n'auront pas besoin, s'il leur prend envie d'écrire l'histoire, de grands efforts de rhétorique pour montrer que l'habile empereur est en même temps un habile général. S'ils savent, à l'opposé d'autres écrivains, rester dans leur rôle et s'abstenir de chercher, par exemple, des querelles grammaticales à de simples chroniqueurs, ils arriveront facilement à leur démonstration. Il leur suffira d'une analyse des événements, comparée aux recommandations les plus élémentaires des ouvrages sur l'art de la guerre faisant autorité, et ce travail, fait avec impartialité, n'en serait sans doute pas moins concluant pour sortir d'un cabinet.

Au reste, nous espérons bien que, sans se laisser intimider par les prévisions ironiques de M. de Bazancourt, des hommes spéciaux travaillent activement, dans les bureaux des trois ministères de la guerre des parties belligérantes, à refaire sur le papier les batailles de Magenta et de Solferino, et que nous aurons prochainement une collection de récits et de plans détaillés qui éclairera complétement la mémorable campagne de l'année dernière.

CHAPITRE XVI

OBSERVATIONS GÉNÉRALES SUR L'ART DE LA GUERRE A PROPOS DE LA CAMPAGNE DE 1859

Nous avons dit dans notre premier volume (1) que nous essaierions d'examiner en quelques mots la part d'influence qu'ont eue sur les opérations diverses inventions modernes (chemins de fer, télégraphes, armes à feu rayées, etc.), et que nous rechercherions s'il est vrai que ces nouveaux moyens d'action ont amené des changements fondamentaux dans les principes de l'art militaire.

Cette question a déjà fait l'objet de nombreuses dissertations et controverses (2). Traitée à fond en théorie, il ne manque aux diverses conclusions émises que la sanction de

(1) Page 61.

(2) En 1856, l'auteur du *Précis de l'art de la guerre* a soulevé le débat par un deuxième appendice à cet ouvrage, traitant de la *Formation des troupes pour le combat*, et concluant à ce que « le perfectionnement des armes à feu « ne saurait produire un changement notable dans la manière de mener les « troupes au combat, mais qu'il serait utile d'introduire dans l'ordonnance « les colonnes par compagnies, et d'avoir de bons et nombreux tirailleurs ». Cet opuscule bien connu a suscité, entre autres, des *Observations d'un général prussien*, où le critique, en fin de compte, aboutit à peu près aux conclusions mêmes qu'il voulait combattre. M. le commandant Bonneau du Martray, auteur d'une *Théorie nouvelle*, et attribuant plus de poids aux perfectionnements modernes, a aussi tenté de répondre au général Jomini; sa réponse, peu concluante selon nous, a eu néanmoins le grand mérite d'amener une réplique de l'illustre tacticien traitant d'une manière élevée l'importance de la vapeur dans les opérations maritimes. Divers écrivains, en France, ont commenté

l'expérience. Les guerres d'Afrique et l'expédition d'Orient pouvaient être considérées comme des particularités, ne donnant pas lieu à des expérimentations assez générales pour être concluantes. La campagne de 1859 a-t-elle été plus féconde à cet égard? C'est ce que nous tenterons de rechercher.

Une première question à poser est celle-ci :

La guerre de 1859 a-t-elle été conduite autrement, pour l'ensemble, que les guerres du premier empire, par exemple? C'est-à-dire :

A-t-elle accusé la naissance et l'urgence de combinaisons *stratégiques* d'un genre inconnu ?

A-t-elle enfanté et démontré la nécessité de nouvelles formations *tactiques ?*

A-t-elle créé de nouveaux moyens de *logistique*, d'*administration*, etc. ?

Nous croyons à peine besoin d'insister sur le premier point. Les exigences de la *stratégie* n'ont rien à faire avec la nature des armes; elles ne pouvaient ensuite pas être changées par des moyens de communication et de renseignements plus accélérés.

ces publications et abordé le même sujet dans les colonnes du *Spectateur militaire*, entre autres M. le colonel baron d'Azémar.

En Belgique, M. le général Renard a aussi effleuré incidemment ces matières dans ses *Considérations sur la tactique en Europe*, mais avec le but, dirait-on, de s'éloigner le plus possible d'une solution, car l'auteur, quoique fort érudit, s'obstine à voir toute la science de la guerre résumée, dorénavant plus que jamais, dans la tactique seule. M. le capitaine van de Welde, envisageant plus largement la question, a donné plusieurs brochures fort instructives et frappées au coin des meilleures principes sur le vrai degré d'influence des inventions modernes. En ce qui concerne la tactique, il a répliqué avec succès aux arguments du général prussien, et dans son *Étude sur la défense des États*, il a établi, au point de vue stratégique, le rôle de bons réseaux de chemins de fer.

En Allemagne, Pönitz, Rustow, et bien d'autres publicistes militaires, ont écrit dans un sens se rapprochant sensiblement des vues exprimées par le général Jomini et par le capitaine van de Welde.

Napoléon III a pu agir plus *promptement*, plus *rapidement* que ses devanciers, mais pas *autrement*. Avant 1859, on avait cent fois fait des mouvements subits par la gauche, précédés d'une feinte à droite, comme celui du 20 mai au 4 juin. Il n'y a pas moins d'exemples d'armées forcées d'abandonner toute une province après une bataille, et d'autres laissant percer leur centre, comme l'armée autrichienne à Solferino. Nous croirions abuser de la patience de nos lecteurs en énumérant les preuves historiques à l'appui.

Ainsi, au point de vue stratégique, les chemins de fer et les télégraphes n'ont rien créé de nouveau. En facilitant et en accélérant les opérations, ils ont aidé aux bonnes aussi bien qu'aux mauvaises. Ils ont, il est vrai, permis, en diminuant les distances, de concentrer, en quelque sorte à volonté, certains territoires et de déformer les surfaces. Par là ils ont fourni des avantages réels aux États riches, ayant de grandes étendues de provinces et pouvant se doter de nombreuses lignes avec tous leurs engins. On devra dorénavant, pour bien apprécier la force d'une nation ou d'une alliance, faire la somme de ses réseaux et de ses locomotives, comme on compte aujourd'hui les vapeurs des États maritimes, et, en outre, mûrement peser leurs directions. Mais le tracé, ainsi que le choix et l'emploi des voies ferrées, n'en restera pas moins subordonné aux principes de la stratégie. Une mauvaise ligne d'opérations ne deviendra guère meilleure pour être parcourue en chemin de fer, et souvent même n'en sera que plus fatale. A cet égard, l'art militaire voit donc plutôt son horizon s'agrandir que ses bases fondamentales se changer.

En ce qui concerne la *tactique*, on a pu s'attendre à de plus grandes modifications.

Depuis que l'art de la guerre existe, deux formes tactiques

principales se disputent la prééminence, à savoir la colonne et la ligne.

Déjà la phalange macédonienne faisait triompher le premier mode, tandis que la légion romaine mettait plutôt en honneur le second. L'amélioration des armes de jet, l'invention de la poudre à canon donna la palme aux lignes; celles-ci s'amincirent et les colonnes s'allégèrent. Les masses réalisées par la cavalerie vinrent à leur tour faire pencher la balance dans l'autre sens. La création de la baïonnette amena une transaction entre les deux exigences et fit comprendre le mérite d'avoir, au lieu d'un système exclusif, un mode de formation qui permette de passer facilement de la ligne à la colonne, et *vice versa*.

Néanmoins, le monde militaire retentit pendant un siècle des discussions bien connues entre l'*ordre mince* et l'*ordre profond*, que Menil-Durand appelait avec justesse *ordre allemand* et *ordre français*.

Les guerres de Napoléon Ier firent décidément triompher ce dernier, au moins pour les Français, et par eux sur leurs nombreux imitateurs. Les victoires de Wellington rendirent bien sans doute un éclatant hommage aux lignes; mais les exploits de Napoléon, plus nombreux, plus frappants encore, n'en firent pas moins règle.

Depuis 1815, l'importance des feux s'est accrue par l'invention des platines à percussion et des fusils et canons rayés.

On raisonnait donc assez logiquement en pensant que nos guerres et les guerres futures donneraient plus d'importance aux lignes et moins aux colonnes, feraient une plus grande part aux feux et une plus faible à la baïonnette et à la cavalerie. Dans cette idée, l'infanterie française avait toute été mise sur deux rangs, de trois qu'elle avait précédemment.

Or, on a vu que l'expérience de la guerre d'Italie n'a pas répondu à ces prévisions. La baïonnette et la colonne y ont joué un rôle plus grand, surtout chez les alliés, que dans les campagnes antérieures, et les plus belles actions d'artillerie ont eu lieu presque à bout portant. C'est que la guerre n'est pas une affaire de science exacte; elle est, a fort bien dit Jomini, un drame passionné, soumis à quelques principes généraux, et subordonné à une foule de complications morales et physiques.

Une action tactique ne peut pas davantage être calculée comme un problème de mécanique. A côté des engins matériels de destruction, si perfectionnés qu'ils soient, il y a toujours l'homme qui les emploie. Et les qualités du soldat, comme être moral, sont si diverses et si mobiles, que la formule qu'on voudrait établir sur ses armes seulement se trouve fausse dans la plupart des cas. Les Français, les Italiens, les armées romanes en général ont, par exemple, un tempérament plus ardent que les troupes de race germaine. Par conséquent le tir, qui demande surtout du sang-froid pour être efficace, leur convient et leur plaît ordinairement moins que l'attaque à la baïonnette et que l'action individuelle, dans lesquelles les natures bouillantes peuvent se donner pleine carrière. En revanche, on obtient généralement des Allemands et des Anglais des feux meilleurs que leurs charges en colonne.

Menil-Durand avait donc doublement raison en appelant l'ordre mince *ordre allemand* et l'ordre profond *ordre français.*

Dans la dernière guerre, les Français, en offensive, se lassèrent bientôt des tireries. Dès la première affaire, à Montebello, la baïonnette leur procura un avantage; dès lors, la baïonnette fut à la mode dans toute l'armée alliée. Ce fut une véritable frénésie, et maintes fois les officiers, bien loin de commander à leurs hommes, durent obéir à ceux-ci, qui s'élançaient en avant aux cris : *à la baïonnette!* et les suivre bon gré mal gré. Devant Melegnano, devant le cimetière de

Solferino et sous San-Martino, ces élans courageux coûtèrent cher, il est vrai; mais le résultat final les couronna de succès. Il est probable que, sous cette influence, les colonnes resteront à la mode et seront employées plus souvent que les lignes, tant qu'un nouveau Wellington n'aura pas remis celles-ci en honneur, ou tant qu'un mot d'ordre pour changer la mode ne sera pas tombé de très-haut.

Toutefois, il y a loin des colonnes de nos jours à la phalange macédonienne ou aux colonnes de Folard. Elles étaient formées ordinairement, l'été dernier, par bataillon sur front d'une compagnie (1), parfois de deux compagnies; les brigades figuraient ainsi une ligne à intervalles facilement maniable, fournissant un assez grand nombre de feux et pouvant lancer à chaque instant des corps chargés de frapper un coup décisif. Le tout était couvert, vu la nature du pays, d'un grand nombre de tirailleurs.

Cette formation très-sage était recommandée par le terrain autant que par le caractère des troupes. Mais elle n'est pas nouvelle; elle a été employée dans toutes les guerres de l'empire, par les Français comme par leurs adversaires, et se trouve dans toutes les ordonnances. Quant aux colonnes de bataillon sur front de deux pelotons, déjà en 1807 le général Jomini les recommandait dans les *Principes généraux* de son *Traité* comme la formation la plus convenable. En effet, c'est celle qui réunit le mieux les avantages à la fois de la ligne et de la colonne, et permet de passer le plus facilement de l'une à l'autre.

Qu'on nous permette ici quelques développements. — Les nouvelles armes portant plus loin et plus juste que celles à canon lisse, on a généralement estimé qu'il fallait mettre

(1) Il faut noter qu'en France, la *compagnie* forme *un peloton*, et la *division* se compose de *deux compagnies*, soit *deux pelotons*. Dans d'autres armées, la *compagnie* forme *une division* de *deux pelotons*. En Autriche la *division* est de *deux compagnies*, et la *compagnie* de *quatre pelotons*.

plus de soin à masquer les troupes en attente ou en réserve, parfois augmenter les distances entre les lignes et les corps; faire, en somme, un peu plus abstraction de la symétrie dans les positions relatives des diverses troupes; mais déjà cela devait s'effectuer avant les canons rayés, à un degré moindre, il est vrai.

Les distances entre les fractions d'une même unité de grande tactique se trouvant ainsi le plus souvent augmentées, il était nécessaire que la rapidité de locomotion des troupes s'accrût dans la même proportion, afin de maintenir le même degré d'ensemble dans l'action. Mais ici le progrès a ses limites forcées, et la nature même nous oppose ses obstacles : on ne peut pas, par des procédés mécaniques, allonger l'allure des soldats aussi bien que la portée de leurs armes. On se trouve donc en face d'un triple danger ou de trois hypothèses :

1° Ou l'on maintiendra entre les corps et les lignes les mêmes distances et les mêmes intervalles que précédemment. En ce cas, les changements dans la tactique par le fait des armes rayées se traduisent tout simplement en pertes plus grandes parmi les réserves, parmi les troupes inactives et parmi celles en retraite. Ces indications devraient donc conduire à prendre l'offensive le plus souvent possible et à laisser fort peu de troupes inactives, ce qui a été de règle dans tous les temps, et surtout depuis Frédéric le Grand et Napoléon;

2° Ou l'on augmentera les distances en gardant les mêmes allures. Les pertes seront encore augmentées, parce que les troupes en première ligne resteront plus longtemps isolées, et celles de seconde ligne plus longtemps exposées pendant la marche aux feux ennemis. En revanche, on maintiendra mieux le bon ordre parmi celles-ci si elles sont braves, calmes et obéissantes, que si l'on avait hâté leur marche;

3° Ou l'on devra augmenter les distances et précipiter les

allures. On fera prendre le pas de course, et pour le faciliter on cherchera à alléger le soldat le plus possible. Dans ce cas, l'on diminue les pertes, sans doute; mais on ajoute plus facilement la confusion et le désordre dans les rangs, et on dépouille en tout cas la troupe des avantages du tir perfectionné. A quoi vont servir les armes de précision et de longue portée à des bataillons qui se sont échauffés et surexcités par une course haletante à travers champs, fossés et rivières? N'était l'effet moral, il vaudrait mieux, pour un tel but, leur rendre les piques, car on les allégerait davantage encore. — D'autre part, dans cette troisième hypothèse, la cavalerie, susceptible de vitesses très-diverses, peut regagner une partie de l'influence que l'accroissement des portées paraissait devoir lui faire perdre.

La campagne de 1859 nous a montré les alliés employant surtout le dernier système et les Autrichiens les deux autres. Si ceux-ci ont fourni par là des faits dont on doit tenir compte, les premiers, par le succès, ont en quelque sorte fixé la faveur sur leur méthode. De petites colonnes, de nombreux tirailleurs, des courses effrénées d'infanterie, des charges à la baïonnette, les sacs posés à terre, de rapides déploiements de petits escadrons, des batteries se transformant presque en cavalerie, voilà les formations à la mode et les données de la guerre d'Italie dans le domaine de la tactique.

Ce ne sont guère celles que certains auteurs avaient prévues, quand ils demandaient les uns qu'on en revînt essentiellement aux lignes et qu'on mît toutes les troupes sur un rang, les autres qu'on diminuât ou même supprimât toute cavalerie, d'autres qu'on bouleversât complétement les ordonnances et règlements en usage pour se débarrasser de tout ordre normal, d'autres de changer le soldat en engin purement utilitaire, d'autres de ne plus avoir que des tirailleurs et des actions individuelles, etc., etc..

Les faits de la dernière guerre nous paraissent avoir, au contraire, montré au point de vue tactique :

1° Que la cavalerie, divisionnaire surtout, peut doubler d'utilité vu la rapidité de ses attaques, mais que son emploi est en même temps devenu si difficile et si rare qu'il faut un concours exceptionnel de chances favorables pour amener un bon résultat; que les masses de grosse cavalerie deviennent de plus en plus inutiles;

2° Que les colonnes précédées de nombreux tirailleurs ont presque constamment amené le succès;

3° Que ce succès eût été souvent bien plus grand si les colonnes avaient pu se maintenir avec plus de régularité; que la confusion dans les rangs est l'écueil des troupes ardentes de nature, et que, par conséquent, il faut bien se garder d'atténuer les prescriptions de leur ordonnance qui sont la sauvegarde du bon ordre;

4° Que le soldat, en face de coups plus meurtriers et qu'il subit plus longtemps sans riposte, a besoin d'être relevé dans son courage moral, dans ses sentiments et même dans ses préjugés de dignité, par tous les artifices possibles. Les détails de toilette, d'emblèmes, de tenue, les fanfares, les récompenses, et autres petits moyens trop dédaignés par quelques militaires, sont autant de ressources qui servent à colorer l'épreuve de la mort et qui aident le soldat à l'affronter sans trouble;

5° Que l'artillerie à longues distances ne sert pas à grand'chose dans les batailles rangées, car, dans la plupart des cas, elle se trouve ou trop isolée si elle est en avant et sur les flancs, ou masquée si elle est en arrière; l'on abat d'ailleurs le ressort de l'amour-propre chez les artilleurs en les tenant loin de l'action. Pour que l'effet moral de l'artillerie soit efficace, il faut que les corps qu'elle assiste la voient à l'œuvre et qu'ils puissent, ainsi qu'elle, constater les résultats foudroyants des bouches à feu. On comprend qu'il en est tout autrement dans quelques cas spéciaux, dans les positions défensives choisies à l'avance et dans les siéges. Ici les grandes portées sont fort avantageuses.

Si, en énumérant ces cinq points, nous sommes resté dans le vrai, et nous le croyons, on ne peut pas en inférer que les perfectionnements modernes ont changé les bases de la tactique; on ne peut pas davantage prétendre que les faits aient montré la nécessité de grands changements pour l'avenir, en dehors des limites de l'ordonnance actuelle.

En revanche, on y pourra trouver quelques enseignements pour se garder de certains excès, et c'en serait un, par exemple, que de généraliser trop et d'élever en système exclusif, sans tenir compte des différences de circonstances, les moyens spéciaux qui ont le mieux réussi. Ces enseignements se trouvent, entre autres, dans les nombreuses pertes faites sur plusieurs points par les alliés et qui auraient pu être évitées sans risque pour le résultat final. Les Autrichiens, d'ailleurs, si la guerre se fût prolongée, auraient bien pu finir par se familiariser avec les charges à la baïonnette, et corriger, une fois pour toutes, les alliés de leur engouement pour cette méthode. L'échec eût alors été double, car après leurs courses impétueuses les colonnes françaises ne pouvaient pas se trouver dans un ordre qui permît de les rallier facilement pour une retraite régulière. En fait, à Magenta comme à Solferino, au bout d'une ou deux heures de combat, bon nombre des régiments vainqueurs étaient littéralement empâtés les uns dans les autres (1), et les officiers, commandant aux premiers groupes qu'ils rencontraient, se trouvaient avoir ainsi sous leurs ordres des ressortissants d'autres brigades, d'autres divisions et même d'autres corps d'armée.

(1) Chaque drapeau autrichien enlevé a amené des contestations pour savoir quel régiment avait fait la prise.

Sans doute une grande action ne peut pas être réglée en papier de musique; cela n'a jamais eu lieu, même sous Frédéric le Grand; mais on conviendra que les efforts doivent être aussi dirigés sur le maintien d'un ordre normal; que c'est déjà bien assez que la mêlée même dissémine forcément les hommes, sans qu'on y aide d'avance soit par de mauvaises formations, soit par des courses désordonnées. L'empereur Napoléon III sentit ce danger et le signala dans son premier ordre du jour. Mais les avertissements ne furent pas suffisants, et l'emploi trop systématique des élans d'offensive vint agir d'ailleurs à leur encontre. Ce serait bien pis si, suivant le conseil donné par Garibaldi dans une récente lettre, on adoptait les chaînes de tirailleurs comme formation normale de combat.

Nous comprenons l'opinion de l'illustre partisan italien, s'appliquant à la Lombardie, car ce pays ainsi que presque toute l'Italie présente un terrain coupé de vignes, de canaux, de mûriers, etc., exceptionnellement favorable aux tirailleurs. Mais dans d'autres pays il n'en serait pas de même. Des Russes qui voudraient appliquer ce système à leurs immenses plaines, ou des Allemands qui en feraient autant en Prusse, en Bavière et en Westphalie seraient dans le faux. Il faut protéger les colonnes par beaucoup de tirailleurs; ceux-ci seront un accessoire utile, indispensable même, mais toujours un accessoire. Ils pourront parfois faire le plus de bruit, mais ce seront les colonnes derrière eux qui gagneront les batailles et joueront le plus grand rôle.

Il nous semble, en résumé, que la véritable solution de cette question de tactique a été donnée déjà en 1807 par le général Jomini, lorsqu'il conseillait la formation des bataillons en colonne sur un front de deux compagnies.

Un autre abus résultant de l'emploi excessif des courses impétueuses et des charges à la baïonnette, c'est d'aboutir à des désirs, excessifs aussi, d'allégement des charges du soldat. On voudrait les rendre légers comme des oiseaux, et, sous l'empire de cette idée, on est en train, dans diverses armées, de poursuivre des solutions chimériques et de bouleverser l'habillement, l'équipement et l'armement des troupes, au détriment d'autres exigences, plus fondées peut-être que celles d'une accélération d'allures. On tend à s'écarter de plus en plus des traditions de Napoléon Ier et de Maurice de Saxe, qui donnaient tant de soin au *moral* des armées, pour tomber dans un utilitarisme qui devra exercer une action dissolvante sur les ressorts de l'honneur et du dévouement.

L'innovation la plus marquante de la campagne est dans l'usage généralement adopté par les alliés de faire poser les sacs à la troupe les jours de bataille. Cet usage, récemment accrédité et sanctionné jusqu'ici par le succès, ne nous paraît pas moins offrir quelque danger à être érigé en méthode.

Dans les expéditions d'Afrique, où chaque corps agissant n'a, en quelque sorte, que ses réserves pour base d'opérations, nous comprenons que les troupes posent le sac. Dans un siége, comme à Sébastopol, cela se conçoit de même. Dans la dernière guerre, c'est-à-dire en offensive et au milieu de populations alliées, on peut encore l'admettre, quoique à un moindre degré. Mais en pays hostile, dans des retraites ou pendant des marches, cet usage peut entraîner à de graves inconvénients, sinon même à des désastres. Il peut facilement arriver que les péripéties d'un combat rejettent des corps hors de la direction de leurs précédents bivouacs, et nous ne verrions pas sans quelque appréhension des armées françaises livrer bataille sur l'Elbe ou sur le Danube, en posant leurs sacs comme en Lombardie.

Au point de vue de la *logistique*, les chemins de fer et les navires à vapeur ont certainement amené des améliorations. Ils ont augmenté les ressources antérieures, mais n'en ont pas précisément changé la nature. Les chemins de fer ne sont pas construits exclusivement au point de vue de l'emploi militaire. On va plus vite, c'est vrai, mais les grandes masses n'en sont pas beaucoup plus tôt aptes au combat, quand elles n'ont qu'une voie à leur disposition. Le long séjour des alliés à Alexandrie l'a bien montré. En revanche, les facilités nouvelles de locomotion sont escortées de complications nouvelles pour tout ce qui concerne les préparatifs des trains et le service des lignes.

La dernière guerre a offert deux ou trois cas où les chemins de fer ont été employés à des transports de troupes presque sous les yeux de l'ennemi. Ainsi par les Français, à Montebello et au grand mouvement par la gauche ; par les Autrichiens, le 3 et le 4 juin pour leur 1er corps, et le 24 juin pour des estafettes de Peschiera à San-Martino. Garibaldi a eu aussi maille à partir avec des convois. Mais ce sont là des particularités. Tactiquement, on ne saurait compter avec prudence sur les chemins de fer pour une manœuvre. En revanche, ils sont précieux pour le transport des approvisionnements et du gros matériel. Ainsi l'on a pu, par les chemins de fer, transporter sur le lac de Garde les fragments de cinq chaloupes canonnières. De tels avantages facilitent, on le voit, les moyens de faire la guerre, mais n'en changent pas le mode.

Il en est de même des télégraphes, précieuse ressource comme estafettes ou espions, mais n'ayant pas d'autre portée.

En résumé, on peut dire que la campagne de 1859 n'a point créé un nouveau système et de nouvelles exigences de guerre, et que s'il s'y est produit quelques usages inattendus, ils ne sont ni inconnus jusqu'ici dans l'histoire ni revêtus d'une sanction devant les ériger en système.

L'art de la guerre se trouve encore au point où l'a

laissé Napoléon Ier, avec quelques ressources et quelques facilités d'action de plus. Les mêmes principes de combinaisons stratégiques, les mêmes formations tactiques, les mêmes bases de dispositions de logistique peuvent encore être employées pour la guerre de nos temps et ne donneront pas des résultats qui n'aient leurs analogues dans le passé.

Les champs spéciaux dans lesquels les inventions modernes pouvaient avoir le plus de poids, c'est-à-dire les siéges et les opérations navales, n'entrent pas dans le cadre de notre sujet. Il n'y a eu, à cet égard, que des préparatifs, desquels on ne saurait tirer de conclusion sûre.

PIÈCES JUSTIFICATIVES

I.

Composition de la flotte de l'Adriatique mouillée devant Venise le 9 juillet 1859.

Escadre des vaisseaux, frégates, corvettes et transports à hélice, sous le commandement direct du vice-amiral Desfossés, commandant en chef les forces de mer et de terre dans l'Adriatique.

La Bretagne, vaisseau de 130 canons. — Portant le pavillon du vice-amiral Desfossés; contre-amiral Chopart, chef d'état-major général; capitaine de vaisseau Pothuan.

L'Algésiras, vaisseau de 90 canons. — Portant le pavillon du contre-amiral Jurien la Gravière; Miquel, capitaine de frégate, chef d'état-major; capitaine de vaisseau Dieudonné.

L'Arcole, vaisseau de 90 canons. — Capitaine de vaisseau Rapatel.

L'Eylau, vaisseau de 90 canons. — Capitaine de vaisseau Jaurès.

Le Redoutable, vaisseau de 90 canons. — Capitaine de vaisseau Moulac.

L'Alexandre, vaisseau de 90 canons. — Capitaine de vaisseau Philippe-Kerhallet.

L'Impétueuse, frégate de 56 canons. — Capitaine de vaisseau Excelmans.

L'Isly, frégate de 40 canons. — Capitaine de vaisseau Roze.

Le Monge, corvette de 5 canons. — Capitaine de frégate Bourdais.

Le Colbert, corvette à roues de 4 canons. — Capitaine de frégate Duboisguehenneuc.

L'Isère, transport de 1,200 tonneaux. — Capitaine de frégate Allègre.

L'Ariége, transport de 900 tonneaux. — Capitaine de frégate Allemand.

L'Yonne, transport de 1,200 tonneaux. — Capitaine de frégate Chastenet.

Victor-Emmanuel, frégate sarde de 50 canons. — Portant le guidon du baron Tholosano, chef de la division sarde, capitaine de vaisseau; le comte Albini, capitaine de vaisseau, commandant la frégate; le marquis d'Aste, capitaine de frégate, chef d'état-major.

Malfatano, corvette à roues de 4 canons.

Carlo-Alberto, frégate sarde de 40 canons. — Capitaine de vaisseau comte Basano.

Flotte de siége. — Le contre amiral comte Bouët-Willaumez, commandant en chef.

FRÉGATES A VAPEUR.

Le Mogador (650 chevaux), frégate à roues de 20 canons. — Portant le pavillon du contre-amiral comte Bouët-Willaumez; — A. Bouët, capitaine de vaisseau, chef d'état-major; — Bourgeois, capitaine de vaisseau, commandant la frégate.

Le Vauban (540 chevaux), frégate à roues de 20 canons. — Capitaine de vaisseau Coupvent-Desbois.

Le Descartes (540 chevaux), frégate à roues de 20 canons. — Capitaine de vaisseau Fisquet.

Le Gomer (450 chevaux), frégate à roues de 16 canons. — Capitaine de vaisseau Favre-Lamourelle.

BATTERIES FLOTTANTES CUIRASSÉES.

La Lave (225 chevaux), batterie flottante de 16 canons, cuirassée. — Capitaine de frégate Bonie.

La Tonnante (225 chevaux), batterie flottante de 16 canons, cuirassée. — Capitaine de frégate Lejeune.

La Dévastation (225 chevaux), batterie flottante de 16 canons, cuirassée. — Capitaine de frégate Majastre.

CANONNIÈRES DE 1re CLASSE.

L'Éclair (110 chevaux), canonnière de 1re classe, de 4 canons. — Portant le guidon du baron la Roncière le Noury, capitaine de vaisseau, chef de la division des canonnières de 1re et 2e classes.

La Grenade (110 chevaux), canonnière de 1re classe, de 4 canons. — Capitaine Charlemagne, lieutenant de vaisseau de Jonquières, capitaine de frégate aide de camp.

La Fulminante (110 chevaux), canonnière de 1re classe, de 4 canons. — Capitaine Duburquois, lieutenant de vaisseau.

L'Étincelle (110 chevaux), canonnière de 1re classe, de 4 canons. — Capitaine Hamon, lieutenant de vaisseau.

La Flamme (110 chevaux), canonnière de 1re classe, de 4 canons. — Capitaine le Peltier, lieutenant de vaisseau.

La Flèche (110 chevaux), canonnière de 1re classe, de 4 canons. — Capitaine Grasset, lieutenant de vaisseau.

L'Aigrette (110 chevaux), canonnière de 1re classe, de 4 canons. — Capitaine Bouju, lieutenant de vaisseau.

CANONNIÈRES DE 2e CLASSE.

La Sainte-Barbe (90 chevaux), canonnière de 2e classe, de 2 canons (30 rayé). — Capitaine Périer, lieutenant de vaisseau.

La Tempête (90 chevaux), canonnière de 2e classe, de 2 canons (30 rayé). — Capitaine Charmois, lieutenant de vaisseau.

L'Arquebuse (90 chevaux), canonnière de 2e classe, de 2 canons (30 rayé). — Capitaine Perrier, lieutenant de vaisseau.

La Redoute (90 chevaux), canonnière de 2e classe, de 2 canons (30 rayé). Capitaine Loyer, lieutenant de vaisseau.

La Lance (90 chevaux), canonnière de 2e classe, de 2 canons (30 rayé). — Capitaine Butel, lieutenant de vaisseau.

La Poudre (90 chevaux), canonnière de 2e classe, de 2 canons (30 rayé). — Capitaine Brosset, lieutenant de vaisseau.

La Salve (90 chevaux), canonnière de 2e classe, de 2 canons (30 rayé). — Capitaine Lefèvre-Dubua, lieutenant de vaisseau.

CHALOUPES CANONNIÈRES DE 3e CLASSE.

La Tirailleuse (25 chevaux), chaloupe canonnière de 1 canon (30 rayé). — Capitaine Borg, enseigne de vaisseau.

L'Alerte (25 chevaux), chaloupe canonnière de 1 canon (30 rayé). — Capitaine de Marquessac, lieutenant de vaisseau.

La chaloupe canonnière n° 11 (16 chevaux), dite *la Guêpe*, de 1 canon (30 rayé). — Capitaine Ch. Duperré, lieutenant de vaisseau; destinée à arborer le pavillon du contre-amiral Bouët-Willaumez pendant le combat.

La chaloupe canonnière n° 1 (16 chevaux), de 1 canon (30 rayé). — Capitaine Garreau, lieutenant de vaisseau.

La chaloupe canonnière n° 2 (16 chevaux), de 1 canon (30 rayé). — Capitaine de Parseval, lieutenant de vaisseau.

La chaloupe canonnière n° 3, de 1 canon (30 rayé). — Capitaine Gubert, enseigne de vaisseau.

La chaloupe canonnière n° 4, de 1 canon (30 rayé). — Capitaine Michaux, lieutenant de vaisseau.

Total, 43 bâtiments à vapeur, parmi lesquels 3 batteries flottantes, cuirassées de fer dans tout leur pourtour, et 21 canonnières de 1re, 2e et 3e classes, cuirassées de fer par l'avant.

II.

Note sur le service télégraphique de l'armée d'Italie.

Dans les premiers jours de mai, S. Exc. le maréchal ministre de la guerre fit la demande à son collègue de l'intérieur d'un service télégraphique pour l'armée d'Italie.

La direction de ce service fut confiée à M. Lair (Clément), inspecteur général de 2e classe.

Ce fonctionnaire partit de Paris le 16 mai, avec :

5 inspecteurs,
4 directeurs de station,
12 stationnaires,
28 surveillants,

et rejoignit le 22 le grand quartier général à Alexandrie.

Le temps et l'expérience manquant pour créer un matériel spécial qui pût faciliter les opérations d'une mission sans précédent, M. le directeur de l'administration avait en toute hâte réuni à Lyon, Avignon et Marseille, environ 3,000 poteaux de 6 mètres de longueur, les plus légers qu'il avait pu trouver dans ses dépôts, et les avait remis à l'administration de la guerre avec 5,000 kilogrammes de petit fil de fer, bon nombre d'isolateurs en porcelaine, des outils de construction, des piles électriques et des appareils de transmission (système Morse), disposés de façon à être aussi portatifs que possible.

Tout ce matériel, débarqué à Gênes, fut en quelques jours réuni à Alexandrie par les soins du chef de la mission, avec 2,000 perches légères de 4 mètres 50 centimètres de hauteur, qu'il s'était empressé de faire confectionner à Gênes, lorsqu'il avait appris que les Sardes et les Autrichiens possédaient un matériel de lignes volantes dont ils attendaient les plus heureux résultats, qui ont été loin de se réaliser. M. l'intendant général mettait alors à la disposition du service télégraphique 14 voitures du train auxiliaire, qui, quoique bien insuffisantes, ont été d'un grand secours pendant toute la campagne. La mission a dû pourvoir à l'insuffisance de ces moyens de transport par des réquisitions. C'est ainsi également que, pour la plantation des poteaux, elle s'est procuré, mais toujours avec bien de la peine et après avoir perdu à ce soin un temps bien précieux, des travailleurs qu'elle payait fort cher.

Le personnel fut organisé en trois brigades :

Les deux premières étaient chargées des constructions, la troisième de la consolidation des lignes, de leur surveillance et de leur entretien, ainsi que de l'organisation des convois de matériel destinés à l'approvisionnement des constructeurs.

Les premières étaient commandées chacune par un inspecteur de 1re classe, ayant sous ses ordres :

1 inspecteur adjoint;
6 surveillants;
2 stationnaires munis de leurs appareils de transmission;
7 voitures du train auxiliaire chargées de matériel de ligne.

La troisième brigade se composait d'un inspecteur, d'un directeur de station et de quelques surveillants, chargés d'escorter les convois de matériel, et enfin de tout le personnel chargé du service des stations ouvertes et de l'entretien des lignes reliant ces stations.

C'est au moyen de ces ressources renouvelées par l'administration centrale que la mission télégraphique s'est mise courageusement à l'œuvre pour remplir dignement la tâche difficile qui lui était confiée.

De Vercelli à Valeggio, du 31 mai au 6 juillet, jour de la signature de l'armistice, il a été réparé ou construit plus de 400 kilomètres de lignes, et ouvert 35 bureaux, qui ont toujours, sauf quelques courtes interruptions, assuré à l'empereur et à son quartier général leurs communications avec la France et souvent avec les maréchaux commandant les corps d'armée, et qui ont fait en même temps le service des dépêches du roi de Sardaigne et de son quartier général.

Voici la liste de ces 35 bureaux et les dates de leur ouverture :

Vercelli, 30 mai.
Novare, 2 juin.

Galliate, 3 juin.
Turbigo, 4 juin, au soir.
Trecate, 4 juin, au soir.
Saint-Martin de Tessin, 5 juin, à midi.
Magenta, 5 juin, au soir.
Milan, 6 juin, au matin.
Melzo, 9 juin, au soir.
Trecello, 10 juin, au matin.
Melegnano, 10 juin, au soir.
Binasco, 11 juin, au soir.
Treviglio, 13 juin, au matin.
Bergame, 14 juin, au soir.
Chiari, 15 juin, au soir.
Pavie, 15 juin, au soir.
Ospedaletto, 16 juin, au soir.
Brescia, 16 juin, au soir.
Lodi, 17 juin, au soir.
Plaisance, 19 juin, au matin.
Crémone, 21 juin, au matin.
Cilivergho, 21 juin, au matin.
Lonato, 21 juin, au soir.
Piadena, 24 juin, au soir.
Bozzolo, 25 juin, au soir.
Pozzolengo, 25 juin, au soir.
Cavriana, 28 juin, au matin.
Volta, 29 juin, à midi.
Rodondesco, 30 juin, à midi.
Gazzaldo, 1er juillet, au soir.
Borghetto, 1er juillet, au soir.
Valeggio, 2 juillet, au soir.
Goïto, 2 juillet, au soir.
Castel-Nuovo, 3 juillet, au soir.
Sainte-Lucie, 3 juillet, au soir.

Plusieurs fois les inspecteurs, poussant leurs lignes au delà même des avant-postes de l'armée, ont pu transmettre, sur les positions et les mouvements de l'ennemi, des renseignements qui étaient communiqués immédiatement à M. le maréchal major général.

Le jour de l'armistice, les communications du grand quartier général avec Milan étaient assurées par deux grandes lignes, l'une passant par Brescia, l'autre par Crémone, et les mesures étaient prises pour porter, aussi rapidement que possible, en avant nos fils, qui enveloppaient déjà Peschiera et s'avançaient sur la route de Villafranca jusqu'à Custozza.

Pendant la campagne, le nombre des stationnaires seul s'est accru. Il était de 28 et allait être porté à 34 quand les hostilités ont cessé.

Il n'est pas besoin de faire ressortir toutes les difficultés que la mission a dû surmonter pour construire ses lignes au milieu d'une armée de plus de 100,000 hommes, et sur des routes encombrées de bagages et d'approvisionnements de toutes sortes ; mais c'est ici le cas de signaler les améliorations qu'il serait indispensable d'apporter à l'avenir dans l'organisation d'un semblable service pour réunir toutes les chances possibles de succès.

Ces améliorations ont été exposées dans un rapport spécial adressé par M. Lair à M. le directeur de l'administration.

En terminant cette note, le chef de la mission est heureux de remercier l'administration de la guerre du concours qu'elle en a reçu, et de déclarer que les rapports entre ses fonctionnaires et tous les chefs des divers services militaires et administratifs n'ont pas cessé un seul instant d'être parfaits.

Paris, le 20 novembre 1859.

L'Inspecteur général, chef du service télégraphique de l'armée d'Italie,

C. Lair.

III.

Lettres des maréchaux Canrobert et Niel.

Les lettres suivantes ont été échangées entre les maréchaux Canrobert et Niel à l'occasion du rapport de ce dernier sur la bataille de Solferino.

Voici, en premier lieu, celle du maréchal Canrobert :

« Valeggio, le 8 juillet 1859.

« Je lis à l'instant dans le *Moniteur* du 4 juillet votre rapport à « l'empereur, sur la part prise par le 4e corps à la bataille de Solferino, « et ce n'est pas sans un pénible étonnement que j'y remarque le « passage suivant, venant après le développement d'un de vos plans « de bataille : « *Malheureusement le maréchal Canrobert, menacé sur « sa droite, ne jugea prudent de me prêter son appui que vers la fin « de la journée!* » — Vous regretterez, monsieur le maréchal, d'avoir « écrit ces lignes lorsque vous saurez que dès mon arrivée à Medole

« avec l'avant-garde de mon corps d'armée, à neuf heures et quart du « matin seulement, j'ai appris que vous étiez aux prises avec l'ennemi. « *Sans perdre une minute*, j'ai pris mes dispositions pour obtempérer « aux demandes pressantes de secours que m'adressait le général de « Luzy, qui tenait votre droite à trois quarts de lieue de Medole.

« A cette heure, neuf heures et quart, je n'avais sous la main qu'une « petite avant-garde de la division Renault, et j'ai de suite donné « l'ordre à cet officier général de réunir le plus tôt possible de quatre « à cinq bataillons, et de les porter sans sacs au secours du général de « Luzy. Cet ordre était exécuté à dix heures et demie du matin, et il « ne pouvait matériellement l'être plus tôt. Ces cinq bataillons étaient « suivis aussi promptement que leur arrivée successive le permettait « des autres, moins deux de la division Renault.

« La gauche de cette division n'était pas encore rendue à Medole « que je recevais de l'empereur l'invitation pressante de me tenir en « garde contre un corps tournant de 25 à 30,000 hommes, sorti de « Mantoue la veille et qui a, en effet, été paralysé par une de mes « divisions ; en même temps vous m'envoyiez plusieurs de vos aides « de camp pour me demander d'appuyer votre centre sérieusement « menacé. Quelles que fussent dans cette circonstance mes préoccu- « pations pour mon flanc droit et mes derrières, sur lesquels on « m'annonçait que se portaient de gros détachements de cavalerie, « avec du canon, je pris sur moi d'envoyer au général Trochu, encore « en arrière, l'ordre de prendre sa première brigade et de vous l'a- « mener sans sacs aussi promptement que possible. Je mettais donc « ainsi, monsieur le maréchal, à votre disposition par fractions suc- « cessives, et aussitôt après leur arrivée, la moitié de mon corps « d'armée, et permettez-moi de vous le rappeler, n'écoutant que « mon désir d'aider de mon mieux un compagnon d'armes dans l'em- « barras, je précédai de ma personne près de vous les soldats que je « vous prêtais, afin de stimuler, par la présence sous le feu de leur « maréchal, leur ardeur pour les utiles services que vous en attendiez « et qu'ils ont été heureux de vous rendre au nom de l'empereur.

« Je ne puis m'empêcher non plus, monsieur le maréchal, de vous « faire remarquer, à propos du passage de votre rapport où vous « parlez du succès que vous auriez obtenu, si le 3e corps eût été en « entier près de vous, que si ce corps, avec les généraux de division « Renault, Bourbaki et Trochu dirigés par leur chef, eût pu prendre « en entier part à l'action, il aurait été assez heureusement inspiré « pour ne pas vous laisser réaliser *seul* le succès que vous méditiez.

« Ainsi je termine, monsieur le maréchal, en vous faisant observer « que votre assertion sur le retard à l'aide que j'ai été assez heureux « pour vous prêter est contraire à l'exactitude des faits accomplis, il « est vrai loin de vos yeux, mais sous les miens et sous ceux de plu- « sieurs de vos officiers ainsi que de tous ceux de mon état-major ;

« qu'elle porte une fâcheuse atteinte à ce principe de simple morale « qui veut que l'obligé ne méconnaisse pas le service généreusement « rendu, et qu'elle pourrait, dans une circonstance analogue, faire « hésiter un chef de corps d'armée à se dépouiller lui-même d'une « grande partie de ses troupes en faveur d'un frère d'armes com- « promis.

« Je donne connaissance à l'empereur de cette lettre que j'ai été « dans la pénible nécessité de vous écrire.

« Veuillez, etc. »

Voici la réponse du maréchal Niel à la lettre du maréchal Canrobert :

« Oliosi, le 11 juillet 1859.

« MONSIEUR LE MARÉCHAL,

« Je réponds à la lettre que vous m'avez fait l'honneur de m'écrire « le 8 de ce mois et que j'ai lue avec un vif sentiment de regret. Je « ne puis admettre les reproches d'inexactitude que vous adressez à « mon rapport. Voici, résumés en peu de mots, les faits tels que je « les ai vus.

« Vers neuf heures du matin, le 24 juin, le 3e corps entrait à Medole « à peu près en même temps que la division de Failly. La majeure « partie de la division de Luzy occupait Rebecco, et trois bataillons « de cette division gardaient la route de Medole à Ceresara.

« L'ennemi attaquant en force Rebecco, j'y envoyai d'abord le 73e, « de la division Vinoy, et dès que la division de Failly parut, je « dirigeai sa 1re brigade un peu plus à gauche sur le hameau de Baëte, « conservant sa seconde brigade sous ma main comme réserve. Que « se passa-t-il depuis dix heures du matin jusqu'à trois heures de l'a- « près-midi, pendant cinq heures ?

« L'ennemi, refoulé de la plaine par le 2e corps et par l'aile gauche « du 4e, se reportait sur Baëte et Rebecco. En même temps le général « de Luzy voyait d'autres colonnes d'Autrichiens allant de droite à « gauche, traverser la route de Ceresara pour se porter sur les mêmes « points; la Casa-Nova, où cinq compagnies s'étaient barricadées, a « été à plusieurs reprises complétement enveloppée par les Autri- « chiens ; le général de Failly demandait des secours avec instance : « il était attaqué par des forces toujours croissantes. Il en était de « même au village de Rebecco, dont les premières maisons nous ont « été plusieurs fois reprises. Pendant ce temps je vous ai successive- « ment envoyé sept officiers pour vous prier instamment de faire

« appuyer sur Rebecco la division Renault, qui avait pris position « sur la route de Ceresara, en vous faisant connaître que j'éprouvais « de très-grandes pertes, que mes troupes étaient harassées et que « j'épuisais mes réserves, mais que je tenais partout, et que, si vous « pouviez joindre vos efforts aux miens, la victoire était assurée.

« Ces officiers me rapportaient toujours cette même réponse : qu'un « corps de 25 à 30,000 hommes menaçait de tourner la droite de l'ar- « mée, et que je ne pouvais compter sur un autre appui que celui qui « résultait de la position prise par la division Renault. En même temps « le chef d'état-major et l'aide de camp du général Renault déclaraient « à mes officiers que la division était prête, mais qu'elle n'avait pas « l'ordre de s'engager. Toute l'armée connaît la bravoure de la divi- « sion Renault et de son digne chef. Elle était, à dix heures et demie « du matin, à côté de la division de Luzy. Celle-ci a eu 99 officiers « et 1,828 soldats tués ou blessés, et l'on m'a assuré que la division « Renault n'avait pas eu 10 hommes hors de combat. Jugez donc « vous-même, monsieur le maréchal, si j'ai reçu de cette division « l'appui que je demandais !

« Vers trois heures environ, on m'a annoncé votre arrivée : alors la « division Renault remplaçait en grande partie la division de Luzy en « appuyant sur Rebecco, en avant duquel se trouvait alors le 73e de « ligne, et vous aviez bien voulu faire venir la 1re brigade de la di- « vision Trochu pour remplacer mes réserves. Dès l'arrivée de cette « brigade j'ai formé, sous vos yeux, des colonnes d'attaque avec qua- « tre bataillons épuisés de la division de Luzy et les deux seuls ba- « taillons de réserve qui me restaient. Il était quatre heures du soir, « et le combat s'était engagé à six heures du matin. Voilà pourquoi « j'ai dit que, par des motifs qu'il ne m'appartenait pas d'apprécier « et que vous exposez vous-même dans votre rapport, vous n'aviez « cru pouvoir me prêter votre appui *que vers la fin de la journée.* « Quand les secours sont arrivés, ils ont été des plus efficaces, ainsi « que mon rapport le fait ressortir, et je vous en ai témoigné toute « ma reconnaissance.

« Enfin, monsieur le maréchal, je ferai une réflexion qui répondra « à un des derniers passages de votre lettre. Lorsqu'un général de « division prie un maréchal de France de lui venir en aide pour « exécuter un mouvement, c'est évidemment avec la pensée d'agir « sous ses ordres. Si des préoccupations d'amour-propre ou d'intérêt « personnel avaient eu de l'influence sur mes résolutions (ce qui, « grâce au ciel, n'a jamais eu lieu), elles ne m'auraient donc pas « poussé à demander votre appui pour marcher sur Guidizzolo.

« En résumé, monsieur le maréchal, si vous n'aviez pas été menacé « sur votre droite, votre corps d'armée n'aurait-il pas marché, dès « le matin, sur l'ennemi qui défendait Guidizzolo avec tant d'acharne- « ment? Si ce village avait été enlevé par les efforts réunis des 3e et

« 4e corps, la retraite d'une partie de l'armée ennemie n'était-elle pas « fortement compromise ? Pourquoi cette réflexion, qui se pré- « sente si naturellement à l'esprit lorsqu'on examine la lutte qu'a « soutenue le 4e corps, n'aurait-elle pas dû figurer dans mon rapport « à l'empereur ? Si elle est présentée sous une forme qui vous a déplu, « je le regrette sincèrement, et je conserve l'espoir que, reportant « vos souvenirs sur tout ce qui a précédé votre arrivée au milieu des « troupes du 4e corps, vous reviendrez à des sentiments plus justes « et plus bienveillants que ceux qui ont inspiré votre lettre.

« Veuillez recevoir, monsieur le maréchal, l'expression de ma haute « considération.

« *Le maréchal de France, commandant le 4e corps,*

« NIEL. »

NOTE DU MONITEUR UNIVERSEL.

7 août 1859.

Le maréchal commandant le 3e corps de l'armée d'Italie a réclamé contre un passage du rapport sur la bataille de Solferino, adressé à l'empereur par le commandant du 4e corps. Sa Majesté a ordonné l'insertion de la note suivante :

Il est dit dans ce passage que le 3e corps n'a donné son appui au 4e que sur la fin de la journée. Cependant, dès son arrivée au village de Medole, le maréchal Canrobert envoya les premières troupes de la division Renault sur la route de Ceresara, avec la mission de couvrir la droite du 4e corps. La présence de ces troupes a donc eu pour résultat, dès dix heures du matin, d'enlever au général Niel toute appréhension sur les attaques qu'il pouvait avoir à craindre sur son flanc droit, qui n'était gardé que par trois de ses bataillons. Il est donc juste de reconnaître que le maréchal Canrobert avait déjà donné un appui utile au 4e corps avant l'heure où la division Renault vint occuper le village de Rebecco pour permettre au général Niel d'en retirer une partie de la division de Luzy, en même temps que la première brigade de la division Trochu venait combattre au milieu des troupes du 4e corps.

D'ailleurs le général Niel ne pouvait avoir l'intention, dans son rapport à l'empereur, d'incriminer en aucune manière la conduite du maréchal Canrobert, dont le caractère chevaleresque est bien connu.

IV.

Rapport de M. le colonel Schmidt, commandant du 1er régiment étranger au service du saint-siége, sur l'attaque de Pérouse.

« Ainsi que j'ai déjà eu l'honneur de l'annoncer par la voie télégraphique, la ville de Pérouse a été replacée sous l'autorité du gouvernement du saint-siége. Aujourd'hui je remplis le devoir de transmettre les détails des opérations.

« Le 20 de ce mois, à deux heures du matin, je partis de Foligno avec mon régiment, accompagné de la division d'artillerie indigène, d'un piquet d'environ 60 gendarmes et de 30 douaniers, et je m'avançai avec précaution jusqu'au pont San-Giovanni, qui peu d'heures auparavant avait été abandonné par les insurgés. Là, je passai le Tibre et marchai vers le bourg, qui paraissait désert ; mais à peine les gendarmes à cheval, qui formaient l'avant-garde, y avaient-il pénétré, qu'un coup de fusil partit de l'intérieur d'une maison fermée.

« Sans m'occuper du village, je continuai pendant près d'un demimille à m'avancer sur la grande route, où je rencontrai M. le chevalier Lattanzi, conseiller d'État, envoyé à Pérouse par le gouvernement avec la mission de chercher à rétablir l'ordre et d'amener la soumission de la ville par des moyens pacifiques.

« Celui-ci me fit connaître que ses tentatives pour ramener les factieux à leur devoir étaient restées infructueuses, et qu'ils étaient obstinément résolus à défendre la ville contre toute attaque.

« Connaissant ainsi les intentions hostiles des insurgés, et sachant en outre qu'ils attendaient des renforts de la Toscane, je me décidai à ne plus retarder l'assaut, quoique les troupes fussent fatiguées par une longue marche.

« Je fis déposer les sacs aux soldats, je formai trois colonnes, et je m'avançai vers la ville au milieu des cris d'enthousiasme des troupes.

« La première colonne, sous les ordres de M. le major Teannerat, suivie de l'artillerie, s'avança par la route neuve ; la seconde, commandée par M. le major Dupasquier, suivit la vieille route, et la troisième, composée de deux compagnies de voltigeurs, occupa l'intervalle entre les deux premières, pénétra dans les champs, et traversa quelques jardins, où elle rencontra des tirailleurs embusqués ; elle ouvrit le feu, et en peu de temps elle les repoussa derrière les retranchements.

« A trois heures, après avoir triomphé de toutes les difficultés, les trois colonnes arrivèrent devant la façade de Saint-Pierre, point vers lequel elles avaient ordre de se diriger, et prirent leurs positions malgré un feu des plus vifs de la part de l'ennemi, qui se cachait derrière les murs et les barricades.

« Je tentai d'abord de déconcerter les rebelles par quelques coups de canon; mais n'y réussissant pas et voyant l'impatience de mes troupes, que je ne retenais qu'avec peine, j'ordonnai l'attaque.

« Il m'est impossible de décrire l'ardeur et le courage de nos braves soldats, qui, en acclamant le souverain-pontife, s'élancèrent contre les hautes murailles de la ville et contre les barricades qui fermaient l'entrée de la porte.

« Nous n'avions que peu d'échelles, et les haches des sapeurs avaient été brisées dès les premiers coups. Il ne restait d'autre moyen aux soldats, pour escalader les murs, que de grimper en s'entr'aidant les uns les autres.

« En peu de temps, le drapeau des insurgés fut abattu, et l'on vit flotter l'étendard pontifical.

« Les insurgés, repoussés, se retirèrent vers la porte Saint-Pierre, où la seconde ligne de défense fortifiée avait été formée, et occupèrent les maisons de la rue intérieure. C'est ici qu'un combat des plus vifs s'engagea sous un feu meurtrier.

« Les troupes, irritées par la résistance obstinée, ne connurent plus de frein, et, après avoir renversé les barricades, s'emparèrent de la position, prenant d'assaut les maisons d'où l'on tirait sur elles.

« A ce moment l'ennemi, saisi de terreur et reconnaissant que toute résistance était désormais impossible, se retira avec précipitation dans l'intérieur de la ville, cherchant vainement à se maintenir encore sur différents points.

« Enfin, après trois heures et demie d'un combat acharné et sous une pluie battante, la troupe s'empara du fort et y arbora, au milieu d'enthousiastes acclamations, le drapeau du saint-siége.

« La résistance était finie, les insurgés s'étaient dispersés comme par enchantement, et Pérouse se trouva ainsi entièrement occupée par la troupe.

« La valeur dont ont fait preuve les officiers supérieurs et subalternes, ainsi que les sous-officiers et soldats, n'a pas démenti la réputation militaire des régiments étrangers au service du saint-siége, et a prouvé qu'ils étaient dignes de la confiance que le gouvernement leur accorde. Il est de mon devoir également de mentionner la conduite énergique et courageuse tenue par les troupes indigènes de toute arme qui ont pris part à cette opération.

« Je citerai notamment le gendarme Paul Cavalieri, qui, bien que détenu aux arrêts par la prévôté, a demandé comme une grâce de pouvoir faire partie des combattants, et qui malheureusement a eu dans la mêlée la jambe brisée par un coup de feu; le gendarme Paoletti a également été atteint par un coup de feu.

« Je me réserve de faire un rapport ultérieur sur les militaires qui se sont le plus distingués.

« Nos pertes sont sensibles; elles s'élèvent à 10 tués, parmi lesquels le capitaine Ab'Yberg, et 35 blessés, au nombre desquels se trouvent le capitaine Britschgy et le lieutenant Cruffer. Celles de l'ennemi sont beaucoup plus considérables, bien qu'on n'en puisse encore fixer le chiffre avec certitude; il n'est pas inférieur à 50 morts, 100 blessés et 120 prisonniers.

« Dans la soirée, les troupes furent renfermées dans les casernes; l'ordre et la discipline rétablirent partout le calme.

« Le nombre des combattants rebelles s'élevait approximativement à 5,000; ils étaient commandés par un certain colonel Antonio Cerroti, venu dans ce but de Toscane, le comte Cesari et Giuseppe Danzetta, de Pérouse. On dit l'un d'eux blessé.

« La plus grande partie des rebelles s'est enfuie par les diverses portes de la ville; ils se sont réfugiés en toute hâte sur le territoire toscan; d'autres, toutefois, se tiennent encore cachés et tombent journellement au pouvoir de l'autorité militaire que j'ai établie.

« Aujourd'hui la tranquillité et l'ordre règnent parmi les populations; les villes et les bourgs des environs, entre autres Castello et Frate, ont fait acte de soumission volontaire au gouvernement du saint-siége.

« Une colonne d'environ 50 volontaires toscans, qui s'était déjà avancée sur Passignano, s'est retirée en Toscane. Le désarmement fait des progrès; on a recueilli une quantité considérable d'armes et de munitions.

« Après avoir ainsi rendu compte de l'accomplissement de ma mission, il ne me reste plus qu'à donner l'assurance de l'unique désir qui nous remplit, ma troupe et moi, de prouver notre dévoûment et notre fidélité à l'auguste souverain et au gouvernement que nous avons l'honneur de servir (1).

« Pérouse, 22 juillet 1859. »

(1) Une réfutation de ce rapport a été publiée par la junte de Bologne, que nous aurions aussi donnée, par devoir d'impartialité, si nous avions pu nous en procurer le texte authentique. L'AUTEUR.

V.

Circulaire du cabinet russe à ses agents en Allemagne.

« Monsieur le comte,

« En présence des complications qui ont surgi en Italie, plusieurs grandes puissances de l'Europe ont cru devoir constater par des déclarations leur attitude immédiate et éventuelle.

« D'après les renseignements qui nous sont parvenus, le gouvernement de S. M. Britannique a fait connaître aux États de la confédération que, dans son opinion, aucun acte hostile du gouvernement français, aucun traité obligatoire ne justifieraient de la part de l'Allemagne une attaque contre la France, ni l'adoption prématurée d'une ligne de conduite qui pourrait amener une guerre européenne; qu'en conséquence, si dans le moment actuel la confédération provoquait une pareille guerre sans un *casus fœderis* et généralisait sans cause suffisante une lutte qui devrait autant que possible rester *localisée*, le gouvernement de S. M. Britannique maintiendrait une stricte neutralité, et ne pourrait donner aucune assistance à l'Allemagne, ni garantir, par l'interposition de ses forces navales, les côtes allemandes d'aucune attaque.

« De son côté, le cabinet des Tuileries a solennellement déclaré qu'il ne nourrit à l'égard de l'Allemagne aucun sentiment de nature à l'inquiéter ou à lui porter ombrage, et qu'il n'est animé que du plus sincère désir de vivre en bonne intelligence avec la confédération germanique, dont il est résolu à respecter partout les droits et les intérêts.

« Enfin, le gouvernement prussien, en ordonnant la mise sur pied de guerre de son armée, a déclaré que cette mesure purement défensive avait pour objet de sauvegarder l'intégrité de l'Allemagne, de mettre ses intérêts à l'abri de toutes les éventualités et de veiller au maintien de l'équilibre européen.

« Pour indiquer le jugement que S. M. l'empereur porte sur les graves questions du moment, je pourrais me borner à me référer à ses déclarations. Les principes qu'elles posent et les assurances qu'elles contiennent sont entièrement d'accord avec les vues de notre auguste maître.

« Toutefois, Sa Majesté ayant été amenée dans ces derniers temps à s'écarter de la réserve qu'elle s'était imposée depuis la guerre d'Orient, je crois utile d'entrer dans quelques détails à cet égard vis-à-vis des légations impériales.

« Le désir de l'empereur de concentrer exclusivement son attention sur les réformes essentielles entreprises dans l'intérieur de son empire a dû céder à la gravité des circonstances. Notre auguste maître n'a pas cru pouvoir rester spectateur impassible de complications qui menaçaient la sûreté générale.

« Pour résoudre ces complications, nous avons proposé un congrès européen. L'idée en fut accueillie avec empressement par les grandes puissances.

« Ce congrès ne plaçait aucune d'elles en présence de l'inconnu. Le programme en avait été tracé d'avance sur les bases proposées par le gouvernement de S. M. Britannique, et il reçut même plus tard une extension recherchée par le gouvernement autrichien.

« L'idée fondamentale qui avait présidé à cette combinaison n'apportait de préjudice à aucun intérêt essentiel.

« D'une part, l'état de possession territoriale respectif était maintenu en Italie, et d'autre part il pouvait sortir du congrès un résultat qui n'avait rien d'exorbitant ni d'inusité dans les relations internationales.

« Pour ce qui nous concerne, nous étions disposés à apporter à ces délibérations l'esprit le plus conciliant et les sentiments les plus équitables. Confiants dans l'appui qu'auraient rencontré nos efforts, nous pouvions espérer que le fléau de la guerre serait épargné à l'humanité.

« Cet espoir a été déçu. Au dernier moment, et lorsque toutes les difficultés de détail paraissaient aplanies, le cabinet de Vienne a brusquement rompu les négociations en alléguant ce seul motif que sa dignité ne lui permettait pas de siéger dans un congrès auquel seraient admises les cours italiennes, et par conséquent la Sardaigne.

« Je n'ai pas besoin de relever ici que, dans un congrès appelé à s'occuper des affaires d'Italie, l'absence des cours italiennes eût été à la fois une faute de logique et un déni de justice, que leur participation découlait des principes arrêtés à Aix-la-Chapelle et qu'avaient consacrés les congrès de Laybach et de Vérone, convoqués par l'Autriche elle-même.

« Nous avons vivement et profondément regretté une détermination qui, d'un côté, prouvait qu'à Vienne l'intention qui nous avait dicté la proposition d'une réunion européenne n'avait pas été comprise, et, de l'autre, remettait aux hasards de la guerre des intérêts qui eussent trouvé une sauvegarde dans les bases mêmes du congrès proposé.

« Les pièces de cette négociation subiront un jour le jugement de la conscience publique.

« Nous ne redoutons dans aucun détail celui qu'elle portera sur la conduite tenue par le cabinet impérial. Alors il sera constaté jusqu'à l'évidence que, n'ayant en vue que d'accélérer une réunion d'où nous espérions voir sortir une solution pacifique, aucune difficulté de notre part, aucune obstination dans une opinion préconçue ne sont venues y mettre obstacle.

« Nous devons ajouter en toute sincérité que, dans le cours de ces pourparlers, le gouvernement français a loyalement secondé les efforts des puissances, désireuses comme nous d'assurer le maintien de la paix.

« Quoi qu'il en soit, en présence de l'insuccès de cette suprême tentative pour prévenir la guerre qui vient d'éclater, il nous restait une autre tâche à remplir, celle de chercher à en restreindre les calamités dans la mesure du possible.

« Sous ce rapport, j'ai déjà exprimé notre entière adhésion aux déclarations des puissances qui tendent à ce but si essentiel aux intérêts généraux de l'Europe.

« En nous associant notamment à celle du gouvernement de S. M. Britannique, nous ne saurions dissimuler les regrets que nous éprouvons de l'agitation qui se manifeste dans toutes les parties de l'Allemagne.

« Nous craignons qu'elle n'ait sa source dans un malendu analogue à celui qui a fait méconnaître à Vienne l'idée du congrès proposé par la Russie.

« Mais les malentendus qui enveloppent les destinées des peuples prennent un caractère de gravité qui impose le devoir de chercher à les éclaircir.

« Notre auguste maître ne veut pas qu'il en existe sur les vues qui l'animent dans les conjonctures actuelles.

« Quelques États de la confédération germanique semblent se préoccuper d'une crainte d'avenir. Pour éviter un danger que nous croyons sans fondement, ils s'exposent à en faire naître de très-réels, et cela non-seulement en ne résistant pas à des passions dont le développement pourrait mettre en péril la sécurité et la force intérieure des gouvernements, mais encore en fournissant des griefs sérieux à un État voisin et puissant, au moment même où ils en reçoivent des déclarations rassurantes.

« Le gouvernement français a solennellement proclamé qu'il n'a aucune intention hostile à l'égard de l'Allemagne.

« Cette déclaration, faite à la face de l'Europe, a été accueillie avec un assentiment empressé par la majorité des grandes puissances. Or, un pareil assentiment implique des obligations.

« C'est ainsi que nous avons compris le nôtre.

« Lorsqu'un concours malheureux de circonstances aboutit à une rupture hostile, le seul moyen d'accélérer le retour de la paix et de diminuer les maux de la guerre est de la renfermer sur le terrain où s'entrechoquent les intérêts qui l'ont fait naître.

« Dans les conjonctures actuelles, le cabinet de Berlin a pris pour devise de son attitude la défense de l'intégrité de l'Allemagne et le maintien de l'équilibre européen.

« Nous somme au même degré intéressés à la conservation de cet équilibre, et sous ce rapport notre vigilance ne le cédera à celle de personne. Quant à l'intégrité de l'Allemagne, le caractère élevé et chevaleresque du prince qui s'en est proclamé le gardien, et dont la puissance est à la hauteur de cette tâche, devrait, ce nous semble, dispenser de toute autre garantie. Nous croyons presque inutile de rappeler, l'histoire en main, que cet intérêt n'a pas été non plus indifférent à la Russie, et qu'elle n'a pas reculé devant des sacrifices quand il s'est agi de le sauvegarder d'un péril réel.

« Mais le renouvellement de ces sacrifices ne serait pas justifié aux yeux de S. M. l'empereur s'il était provoqué par une situation amenée volontairement et violemment, malgré les exhortations amicales qu'il prodigue et les preuves dont il les appuie.

« Notre désir, comme celui de la majorité des grandes puissances, est aujourd'hui de localiser la guerre, parce qu'elle a surgi de circonstances locales, et que c'est le seul moyen d'accélérer le retour de la paix. La marche que suivent quelques États de la confédération germanique tend au contraire à généraliser la lutte en lui donnant un caractère et des proportions qui échappent à toute prévision humaine, et qui, dans tous les cas, accumuleraient des ruines et feraient verser des torrents de sang.

« Nous pouvons d'autant moins comprendre cette tendance que, indépendamment des garanties qu'offrent à l'Allemagne les déclarations positives du gouvernement français, acceptées par les grandes puissances et la force même des choses, les États allemands s'écarteraient par là de la base fondamentale qui les relie entre eux.

« La confédération germanique est une combinaison purement et exclusivement défensive. C'est à ce titre qu'elle est entrée dans le droit public européen sur la base de traités auxquels la Russie a apposé sa signature.

« Or, aucun acte hostile n'a été commis par la France vis-à-vis la confédération, et aucun traité obligatoire n'existe pour celle-ci qui motiverait une attaque contre cette puissance.

« Si par conséquent la confédération se portait à des actes hostiles envers la France, sur des données conjecturales et contre lesquelles elle a obtenu plus d'une garantie, elle aurait faussé le but de son institution et méconnu l'esprit des traités qui ont consacré son existence.

« Nous conservons pleinement l'espoir que la sagesse des gouvernements fédéraux écartera des déterminations qui tourneraient à leur propre préjudice et ne contribueraient pas à fortifier leur assiette intérieure.

« Si, ce qu'à Dieu ne plaise, il devait en être autrement, nous aurions en tout cas rempli un devoir de franche et sincère amitié. Quelle que soit l'issue des complications actuelles, l'empereur, notre auguste maître, parfaitement libre dans son action, ne s'inspirera que des intérêts de son pays et de la dignité de sa couronne dans les déterminations que Sa Majesté sera appelée à prendre.

« Recevez, etc.,

« Saint-Pétersbourg, 15/27 mai 1859.

« Prince GORTSCHAKOFF. »

VI.

Ordre du jour à l'armée d'Italie.

« Valeggio, 10 juillet 1859.

« SOLDATS,

« Une suspension d'armes a été conclue le 8 juillet, entre les parties belligérantes, jusqu'au 15 août prochain. Cette trêve vous permet de vous reposer de vos glorieux travaux, et de puiser, s'il le faut, de nouvelles forces pour continuer l'œuvre que vous avez si bravement inaugurée par votre courage et votre dévouement. Je retourne à Paris, et je laisse le commandement provisoire de mon armée au maréchal Vaillant, major-général. Mais dès que l'heure des combats aura sonné, vous me reverrez au milieu de vous pour partager vos dangers.

« NAPOLÉON. »

Voici la note du *Moniteur* qui suivait cet ordre du jour :

Nous nous empressons de faire connaître dans quelles circonstances s'est produite la suspension d'armes qui vient d'être conclue entre l'empereur des Français et l'empereur d'Autriche.

Des communications étaient échangées entre les trois grandes puissances neutres, en vue de se mettre d'accord pour offrir leur médiation aux belligérants. Le premier acte de cette médiation devait tendre à la conclusion d'un armistice ; mais, malgré la rapidité des transmissions télégraphiques, l'entente à établir entre les cabinets ne permettait pas que ce résultat fût obtenu avant quelques jours. Cependant les hostilités de notre flotte contre Venise allaient s'ouvrir, et une nouvelle lutte de nos armées devant Vérone pouvait s'engager à tout instant.

En présence de cette situation, l'empereur, toujours fidèle aux sentiments de modération qui ont constamment dirigé sa politique, préoccupé d'ailleurs avant toute chose du soin de prévenir toute effusion de sang inutile, n'a pas hésité à s'assurer directement des dispositions de l'empereur François-Joseph, dans la pensée que, si ces dispositions étaient conformes aux siennes, c'était pour les deux souverains un devoir sacré de suspendre dès à présent des hostilités qui pouvaient devenir sans objet par le fait de la médiation.

L'empereur d'Autriche ayant manifesté des intentions analogues, des commissaires nommés de part et d'autre se sont réunis pour arrêter les clauses de l'armistice, qui a été définitivement conclu le 8 juillet, et dont la durée a été fixée à cinq semaines.

Il y aura demain lundi une entrevue à Villafranca entre l'empereur des Français et l'empereur d'Autriche.

VII.

Dépêche de l'empereur Napoléon communiquant la paix.

« Valeggio, 11 juillet 1859

« La paix est signée entre l'empereur d'Autriche et moi.

« Les bases sont :

« Confédération italienne sous la présidence honoraire du pape.

« L'empereur d'Autriche cède ses droits sur la Lombardie à l'empereur des Français, qui les remet au roi de Sardaigne,

« L'empereur d'Autriche conserve la Vénétie, mais elle fait partie intégrante de la confédération italienne.

« Amnistie générale. »

VIII.

Proclamation de l'empereur.

(Voir vol. II, p. 128.)

IX.

Le roi aux peuples de la Lombardie.

« Le ciel a béni nos armes. Avec la puissante aide de notre magnanime et valeureux allié l'empereur Napoléon III, nous sommes arrivés en peu de jours, de victoire en victoire, sur les rives du Mincio

« Aujourd'hui je reviens parmi vous pour vous donner l'heureuse nouvelle que Dieu a exaucé mes vœux. L'armistice suivi des préliminaires de la paix a assuré aux peuples de la Lombardie leur indépendance.

« Selon le désir par vous tant de fois exprimé, vous formerez dorénavant avec nos anciens États une seule et libre famille. Je prendrai sous ma direction votre sort; et, sûr de trouver en vous ce concours dont a besoin le chef d'un État pour créer une nouvelle administration, je vous dis : Peuples de la Lombardie, fiez-vous à votre roi; il pourra établir sur de solides et impérissables bases la félicité des nouvelles contrées que le ciel a conférées à son gouvernement.

« Monzambano, le 12 juillet 1859.

« VICTOR-EMMANUEL. »

X.

Ordre du jour du roi de Sardaigne.

« SOLDATS !

« Après deux mois de guerre, nous sommes arrivés vainqueurs sur les bords du Mincio. Unis à nos courageux alliés, nous avons triomphé partout.

« Votre courage, votre discipline, votre persévérance ont excité l'admiration de toute l'Europe. Le nom du soldat italien est dans toutes les bouches.

« Moi qui ai eu la gloire de vous commander, j'ai pu apprécier tout ce qu'il y a eu d'héroïque et de sublime dans votre conduite pendant le cours de cette guerre. Il est inutile, soldats, de répéter que vous acquis les plus grands titres à ma reconnaissance et à celle de la patrie.

« SOLDATS!

« Des affaires d'État importantes m'appellent dans la capitale. Je confie le commandement de l'armée au digne et brave général la Marmora, qui a partagé avec nous les dangers et les victoires de cette campagne. Maintenant, je vous annonce la paix ; mais si jamais, dans l'avenir, l'honneur de notre patrie nous rappelle au combat, vous me verrez reparaître pour vous commander, bien assuré que nous marcherons de nouveau à la victoire.

« Monzambano, le 12 juillet 1859.

« VICTOR-EMMANUEL. »

XI.

Manifeste de l'empereur d'Autriche à ses peuples.

« Luxembourg, le 15 juillet.

« Quand la mesure des concessions compatibles avec la dignité de la couronne comme avec l'honneur et l'intérêt du pays est épuisée ; lorsque toutes les tentatives pour arriver à une entente pacifique ont échoué, il n'y a plus de choix, et la nécessité se confond avec le devoir.

« Ce devoir m'avait placé dans la dure obligation de réclamer de mes peuples de nouveaux et douloureux sacrifices, afin de pouvoir prendre en main la défense de leurs biens les plus sacrés.

« Mes peuples fidèles ont répondu à mon appel ; ils se sont courageusement ralliés autour du trône, et ont supporté les sacrifices de toute espèce exigés par les circonstances avec un dévouement qui mérite toute ma reconnaissance, qui augmente encore, si c'est possible, ma vive affection pour eux, et qui devait m'inspirer l'assurance que la juste cause pour la défense de laquelle ma brave armée volait avec enthousiasme au combat resterait victorieuse.

« Malheureusement le résultat n'a pas répondu à cette attente générale, et le sort des armes ne nous a pas été favorable.

« La vaillante armée autrichienne a montré, cette fois encore, son héroïsme et son incomparable ténacité d'une manière si éclatante qu'elle a mérité l'admiration de tout le monde, même celle de l'ennemi; c'est une gloire pour moi d'être le chef d'une telle armée; la patrie doit la remercier d'avoir porté si haut l'honneur de l'étendard autrichien, et de l'avoir conservé pur.

« Un autre fait non moins douteux, c'est que nos adversaires, malgré leurs immenses ressources depuis longtemps préparées pour le coup médité, et même au prix d'énormes sacrifices, n'ont pu obtenir que des avantages et jamais une victoire décisive, tandis que l'armée autrichienne, encore animée du plus inébranlable courage, occupait une position dont la possession lui donnait la possibilité de reprendre peut-être à l'ennemi ses premiers avantages.

« Mais, pour le tenter, il aurait fallu certainement encore de non moins grands et non moins sanglants sacrifices que ceux auxquels nous avions déjà été condamnés, et qui ont rempli mon cœur d'une douleur profonde.

« Dans ces conjonctures, il était de mon devoir de souverain de tenir aussi un compte sérieux des propositions de paix qui m'étaient faites.

« L'effort que m'eût imposé la continuation de la guerre eût pris de telles proportions que j'aurais dû demander à mes fidèles sujets des sacrifices d'argent et de sang plus considérables encore que les précédents. Cependant le succès serait resté douteux pour moi, après avoir été si amèrement déçu dans l'espoir légitime que je ne demeurerais pas isolé dans cette lutte, qui n'avait pas été entreprise dans le seul intérêt du bon droit de l'Autriche.

« Malgré la chaleureuse et touchante sympathie que notre juste cause a rencontrée dans la plus grande partie de l'Allemagne, auprès des gouvernements et des peuples, nos confédérés les plus naturels se sont obstinément refusés à reconnaître la haute signification que renfermait la grande question du jour.

« L'Autriche aurait donc été forcée d'affronter seule les événements dont la gravité pouvait augmenter à tout moment.

« En conséquence, l'honneur de l'Autriche étant sauf par suite du courage héroïque déployé par l'armée sur le champ de bataille, j'ai résolu d'obéir à des considérations politiques, de faire un sacrifice pour le rétablissement de la paix, et de consentir aux préliminaires posés pour sa conclusion, après avoir acquis la conviction que, par une entente directe avec l'empereur des Français, écartant toute immixtion des tiers, j'obtiendrais en tout cas des conditions moins défavorables que je ne pouvais en attendre de l'entrée dans les pourparlers des trois grandes puissances n'ayant pas pris part à la guerre, et des propositions de médiation concertées entre elles et appuyées de la pression morale de leur entente.

« Malheureusement il a fallu séparer la plus grande partie de la Lombardie du reste de l'empire.

« Mais ce qui doit me consoler, c'est d'avoir rendu les bienfaits de la paix à mes peuples bien-aimés; ces bienfaits me sont doublement précieux, parce que j'aurai désormais le loisir de consacrer toute mon attention et toute ma sollicitude au succès de la mission que je me suis imposée, à savoir, de fonder sur des bases solides le bien-être et la puissance de l'Autriche par le développement raisonnable de ses forces morales et physiques, ainsi que par des améliorations conformes aux besoins et à l'esprit des temps dans les lois et l'administration.

« Dans ces temps de graves épreuves et de sacrifices, mes peuples m'ont fidèlement soutenu; qu'ils me soutiennent encore maintenant dans l'œuvre de paix que j'ai entreprise, en m'aidant à réaliser mes bonnes intentions.

« J'ai déjà exprimé ma reconnaissance à ma brave armée dans un ordre du jour spécial.

« Je lui renouvelle l'expression de mes sentiments aujourd'hui en parlant à mes peuples, que je remercie d'avoir envoyé leurs fils sur le champ de bataille pour Dieu, l'empereur et la patrie. Je songe avec douleur aux héroïques compagnons d'armes qui sont sur le champ de bataille pour ne plus se relever. »

XII.

Discours de l'empereur aux députations du sénat et du corps législatif le 19 juillet.

« Messieurs,

« En me retrouvant au milieu de vous qui, pendant mon absence, avez entouré l'impératrice et mon fils de tant de dévouement, j'éprouve le besoin de vous remercier d'abord, et ensuite de vous expliquer quel a été le mobile de ma conduite.

« Lorsqu'après une heureuse campagne de deux mois les armées française et sarde arrivèrent sous les murs de Vérone, la lutte allait inévitablement changer de nature, tant sous le rapport militaire que sous le rapport politique. J'étais fatalement obligé d'attaquer de front un ennemi retranché derrière de grandes forteresses, protégé contre toute diversion sur ses flancs par la neutralité des territoires qui l'entouraient; et, en commençant la longue et stérile guerre des siéges, je trouvais en face l'Europe en armes, prête soit à disputer nos succès, soit à aggraver nos revers.

« Néanmoins la difficulté de l'entreprise n'aurait ni ébranlé ma résolution, ni arrêté l'élan de mon armée, si les moyens n'eussent pas été hors de proportion avec les résultats à attendre. Il fallait se résoudre à briser hardiment les entraves opposées par les territoires neutres et alors accepter la lutte sur le Rhin comme sur l'Adige. Il fallait partout franchement se fortifier du concours de la révolution. Il fallait répandre encore un sang précieux qui n'avait que trop coulé déjà : en un mot, pour triompher, il fallait risquer ce qu'il n'est permis à un souverain de mettre en jeu que pour l'indépendance de son pays.

« Si je me suis arrêté, ce n'est donc pas par lassitude ou par épuisement, ni par abandon de la noble cause que je voulais servir, mais parce que dans mon cœur quelque chose parlait plus haut encore : l'intérêt de la France.

« Croyez-vous donc qu'il ne m'en ait pas coûté de mettre un frein à l'ardeur de ces soldats qui, exaltés par la victoire, ne demandaient qu'à marcher en avant?

« Croyez-vous qu'il ne m'en ait pas coûté de retrancher ouvertement devant l'Europe de mon programme le territoire qui s'étend du Mincio à l'Adriatique?

Croyez-vous qu'il ne m'en ait pas coûté de voir dans des cœurs honnêtes de nobles illusions se détruire, de patriotiques espérances s'évanouir?

« Pour servir l'indépendance italienne j'ai fait la guerre contre le gré de l'Europe: dès que les destinées de mon pays ont pu être en péril, j'ai fait la paix.

« Est-ce à dire maintenant que nos efforts et nos sacrifices aient été en pure perte? Non. Ainsi que je l'ai dit dans les adieux à mes soldats, nous avons droit d'être fiers de cette courte campagne. En quatre combats et deux batailles, une armée nombreuse, qui ne le cède à aucune en organisation et en bravoure, a été vaincue. Le roi de Piémont, appelé jadis le gardien des Alpes, a vu son pays délivré de l'invasion, et la frontière de ses États portée du Tessin au Mincio. L'idée d'une nationalité italienne est admise par ceux qui la combattaient le plus. Tous les souverains de la Péninsule comprennent enfin le besoin impérieux de réformes salutaires.

« Ainsi, après avoir donné une nouvelle preuve de la puissance militaire de la France, la paix que je viens de conclure sera féconde en heureux résultats; l'avenir les révélera chaque jour davantage, pour le bonheur de l'Italie, l'influence de la France, le repos de l'Europe. »

XIII.

Discours de l'empereur aux généraux, lors de la rentrée des troupes à Paris, le 14 août 1859.

« Messieurs,

« La joie que j'éprouve en me retrouvant avec la plupart des chefs de l'armée d'Italie serait complète, s'il ne venait s'y mêler le regret de voir se séparer bientôt les éléments d'une force si bien organisée et si redoutable. Comme souverain et comme général en chef, je vous remercie encore de votre confiance. Il était flatteur pour moi, qui n'avais pas commandé d'armée, de trouver une telle obéissance de la part de ceux qui avaient une grande expérience de la guerre. Si le succès a couronné nos efforts, je suis heureux d'en reporter la meilleure part à ces généraux habiles et dévoués qui m'ont rendu le commandement facile, parce que, animés du feu sacré, ils ont sans cesse donné l'exemple de devoir et du mépris de la mort (1).

« Une partie de nos soldats va retourner dans ses foyers ; vous-mêmes, vous allez reprendre les occupations de la paix. N'oubliez pas néanmoins ce que nous avons fait ensemble. Que le souvenir des obstacles surmontés, des périls évités, des imperfections signalées revienne souvent à votre mémoire : car, pour tout homme de guerre, le souvenir est la science même.

« En commémoration de la campagne d'Italie, je ferai distribuer une médaille à tous ceux qui y ont pris part, et je veux que vous soyez aujourd'hui les premiers à la porter. Qu'elle me rappelle parfois à votre pensée, et qu'en lisant les noms glorieux qui y sont gravés, chacun se dise : Si la France a tant fait pour un peuple ami, que ne ferait-elle pas pour son indépendance ? »

(1) Si M. de Bazancourt avait pris garde à ce passage si plein de tact et de justesse du discours de l'empereur, il n'eût pas sans doute lancé sa tirade contre les tacticiens de cabinet que nous avons dû relever plus haut.

L'AUTEUR.

XIV.

Note du Moniteur du 10 septembre 1859.

Quand les faits parlent d'eux-mêmes, il semble, au premier abord, inutile de les expliquer. Cependant, lorsque la passion ou l'intrigue défigurent les choses les plus simples, il devient indispensable d'en rétablir le caractère, afin que chacun puisse apprécier en connaissance de cause la marche des événements.

Au mois de juillet dernier, lorsque les armées franco-sarde et autrichienne étaient en présence entre l'Adige et le Mincio, les chances étaient à peu près égales des deux côtés; car, si l'armée franco-sarde avait pour elle l'influence morale des succès obtenus, l'armée autrichienne était numériquement plus forte et s'appuyait non-seulement sur des forteresses redoutables, mais encore sur toute l'Allemagne, prête, au premier signal, à prendre fait et cause pour elle. Cette éventualité se réalisant, l'empereur Napoléon était forcé de retirer ses troupes des bords de l'Adige pour les porter sur le Rhin, et dès lors la cause italienne, pour laquelle la guerre avait été entreprise, se trouvait sinon perdue, du moins grandement compromise.

Dans ces graves circonstances, l'empereur pensa qu'il serait avantageux pour la France d'abord, pour l'Italie ensuite, de conclure la paix, pourvu que les conditions fussent conformes au programme qu'il s'était imposé et utiles à la cause qu'il voulait servir.

La première question était de savoir si l'Autriche céderait par traité le territoire conquis; la seconde, si elle abandonnerait franchement la suprématie qu'elle s'était acquise dans toute la Péninsule; si elle reconnaîtrait le principe d'une nationalité italienne, en admettant un système fédératif; si, enfin, elle consentirait à doter la Vénétie d'institutions qui en fissent une véritable province italienne.

Relativement au premier point, l'empereur d'Autriche céda sans contestation le territoire conquis, et, relativement au second, il promit les plus larges concessions pour la Vénétie, admettant pour son organisation future la position du Luxembourg vis-à-vis de la confédération germanique; mais il mettait à ces concessions, pour condition *sine quâ non*, le retour des archiducs dans leurs États.

Ainsi, la question se trouvait bien nettement posée à Villafranca : ou l'empereur ne devait rien stipuler pour la Vénétie et se borner aux avantages acquis par ses armes, ou bien, pour obtenir des concessions importantes et la reconnaissance du principe de la nationalité, il devait donner son adhésion au retour des archiducs. Le bon sens traçait donc sa conduite; car il ne s'agissait nullement de ramener les archiducs avec le concours de troupes étrangères, mais au contraire de les faire rentrer, avec des garanties sérieuses, par la libre volonté des populations auxquelles on ferait comprendre combien ce retour était dans les intérêts de la grande patrie italienne.

Voici en peu de mots l'exposé véritable de la négociation de Villafranca, et, pour tout esprit impartial, il est évident que l'empereur Napoléon obtenait, par le traité de paix, autant et plus peut-être qu'il n'avait conquis par les armes. Il faut même bien le reconnaître, ce n'est pas sans un sentiment de profonde sympathie que l'empereur Napoléon vit avec quelle franchise et quelle résolution l'empereur François-Joseph renonçait, dans l'intérêt de la paix européenne et dans le désir de rétablir de bonnes relations avec la France, non-seulement à une de ses plus belles provinces, mais encore à la politique dangereuse peut-être, en tout cas non dépourvue de gloire, qui avait assuré à l'Autriche la domination de l'Italie.

En effet, si le traité était sincèrement exécuté, l'Autriche n'était plus pour la Péninsule cette puissance ennemie et redoutable contrariant toutes les aspirations nationales, depuis Parme jusqu'à Rome et depuis Florence jusqu'à Naples; mais elle devenait au contraire une puissance amie, puisqu'elle consentait de plein gré à ne plus être puissance allemande de ce côté des Alpes et à développer elle-même la nationalité italienne jusqu'aux rivages de l'Adriatique.

D'après ce qui précède, il est facile de comprendre que si, après la paix, les destinées de l'Italie eussent été confiées à des hommes plus préoccupés de l'avenir de la patrie commune que de petits succès partiels, le but de leurs efforts aurait été de développer et non d'entraver les conséquences du traité de Villafranca. Quoi de plus simple et de plus patriotique, en effet, que de dire à l'Autriche : Vous désirez le retour des archiducs? Eh bien! soit; mais alors exécutez loyalement vos promesses concernant la Vénétie : qu'elle reçoive une vie à elle propre; qu'elle ait une administration et une armée italiennes; en un mot, que l'empereur d'Autriche ne soit plus, de ce côté des Alpes, que le grand-duc de la Vénétie, comme le roi des Pays-Bas n'est pour l'Allemagne que le grand-duc du Luxembourg.

Il est possible même que, par suite de négociations franches et amicales, on eût amené l'empereur d'Autriche à adopter des combinaisons plus en rapport avec les vœux manifestés par les duchés de Modène et de Parme.

L'empereur Napoléon, après ce qui s'était passé, devait compter sur le bon sens et le patriotisme de l'Italie, et croire qu'elle comprendrait le mobile de sa politique, qui se résume par ces paroles :

« Au lieu de risquer une guerre européenne et par conséquent l'indépendance de son pays; au lieu de dépenser encore 300 millions et de répandre le sang de 50,000 de ses soldats, l'empereur Napoléon a accepté une paix qui sanctionne, pour la première fois depuis des siècles, la nationalité de la Péninsule. Le Piémont, qui représente plus particulièrement la cause italienne, trouve sa puissance considérablement augmentée, et, si la confédération s'établit, il y jouera le principal rôle; mais une seule condition est mise à tous ces avantages, c'est le retour des anciennes maisons souveraines dans leurs États. »

Ce langage, nous le croyons encore, sera compris de la partie saine de la nation; car, sans cela, qu'arrivera-t-il? Le gouvernement français l'a déjà déclaré : les archiducs ne seront pas ramenés dans leurs États par une force étrangère; mais, une partie des conditions de la paix de Villafranca n'étant pas exécutée, l'empereur d'Autriche se trouvera délié de tous les engagements pris en faveur de la Vénétie. Inquiété par des démonstrations hostiles sur la rive du Pô, il se maintiendra en état de guerre sur la rive gauche, et, au lieu d'une politique de conciliation et de paix, on verra renaître une politique de défiance et de haine qui amènera de nouveaux troubles et de nouveaux malheurs.

On semble espérer beaucoup d'un congrès européen; nous l'appelons nous-mêmes de tous nos vœux, mais nous doutons fort qu'un congrès obtienne de meilleures conditions pour l'Italie. Un congrès ne demandera que ce qui est juste, et serait-il juste de demander à une grande puissance d'importantes concessions sans lui offrir en échange des compensations équitables? Le seul moyen serait la guerre; mais, que l'Italie ne s'y trompe pas, il n'y a qu'une seule puissance en Europe qui fasse la guerre *pour une idée*, c'est la France, et la France a accompli sa tâche.

XV.

Lettre de l'empereur Napoléon au roi de Sardaigne.

« MONSIEUR MON FRÈRE,

« J'écris aujourd'hui à Votre Majesté pour lui exposer la situation actuelle, lui rappeler le passé et régler avec elle la meilleure marche à suivre dans l'avenir. Les circonstances sont graves; il faut donc laisser de côté les illusions, les regrets stériles et examiner nettement l'état réel des choses. Ainsi, il ne s'agit pas aujourd'hui de savoir si j'ai bien ou mal fait de conclure la paix à Villafranca, mais de tirer du traité les conséquences les plus favorables à la pacification de l'Italie et au repos de l'Europe.

« Avant d'entrer dans l'examen de cette question, je tiens à rappeler de nouveau à Votre Majesté les obstacles qui rendaient toute négociation et tout traité définitif si difficiles.

« En effet, la guerre a souvent de moindres complications que la paix ; dans la première, deux intérêts seuls sont en présence : l'attaque et la défense ; dans la seconde, au contraire, il s'agit de concilier une foule d'intérêts souvent opposés,

« C'est ce qui est arrivé au moment de la paix : il fallait faire un traité qui assurât le mieux possible l'indépendance de l'Italie, qui satisfît le Piémont et les vœux des populations, qui cependant ne blessât pas le sentiment catholique ni les droits des souverains auxquels l'Europe s'intéressait. Je crus alors que, si l'empereur d'Autriche voulait s'entendre franchement avec moi pour amener cet important résultat, les causes d'antagonisme qui, depuis des siècles, divisent ces deux empires, disparaîtraient et que la régénération de l'Italie s'accomplirait d'un commun accord, sans nouvelle effusion de sang.

« Voici, selon moi, les conditions essentielles de cette régénération :

« L'Italie serait composée de plusieurs États indépendants, unis par un lien fédératif.

« Chacun de ces États adopterait un système représentatif particulier et des réformes salutaires.

« La confédération consacrerait donc le principe de la nationalité italienne ; elle n'aurait qu'un drapeau, qu'un système de douanes et qu'une monnaie.

« Le centre directeur serait à Rome ; il serait formé de représentants nommés par les souverains sur une liste proposée par les chambres, afin que, dans cette espèce de diète, l'influence des familles régnantes, suspectes de partialité pour l'Autriche, fût balancée par l'élément sorti de l'élection.

« En décernant au saint-père la présidence honoraire de la confédération, on satisfait le sentiment religieux de l'Europe catholique, on augmente l'influence morale du pape dans toute l'Italie, et cela lui permet de faire des concessions conformes aux désirs légitimes des populations.

« Eh bien ! ce plan que j'avais formé à la conclusion de la paix peut encore se réaliser, si Votre Majesté emploie son influence à le faire prévaloir. D'ailleurs, de grands pas ont déjà été faits dans cette voie.

« La cession de la Lombardie avec une dette restreinte est un fait accompli.

« L'Autriche a renoncé à son droit de garnison dans les places de Plaisance, de Ferrare, de Comacchio.

« Le droit des souverains a été réservé, il est vrai ; mais l'indépendance de l'Italie centrale a été garantie également, puisque toute idée d'intervention étrangère a été formellement écartée.

« Enfin, la Vénétie va devenir une province purement italienne.

« Le véritable intérêt de Votre Majesté, comme celui de la Péninsule, est de me seconder dans le développement de ce plan pour en faire ressortir les meilleures conséquences; car, elle ne doit pas l'oublier, je suis lié par le traité, et je ne saurais, dans le congrès qui va s'ouvrir, me départir de mes engagements. Le rôle de la France y est tracé à l'avance.

« Nous demanderons :

« Que Parme et Plaisance soient réunis au Piémont, parce que ce territoire lui est stratégiquement indispensable;

« Nous demanderons que la duchesse de Parme soit appelée à Modène ;

« Que la Toscane, accrue peut-être de quelque territoire, soit rendue au grand-duc Ferdinand ;

« Qu'un système de sage liberté soit adopté dans tous les États de l'Italie;

« Que l'Autriche se dégage franchement d'une cause incessante d'embarras pour l'avenir, et qu'elle consente à compléter la nationalité de la Vénétie, non-seulement en créant une représentation et une administration séparées, mais encore une armée italienne;

« Nous demanderons que les forteresses de Mantoue et de Peschiera soient reconnues forteresses fédérales ;

« Enfin, qu'une confédération, basée sur les besoins réels comme sur les traditions de la Péninsule et sur l'exclusion de toute influence étrangère, vienne assurer l'œuvre de l'indépendance de l'Italie.

« Je ne négligerai rien pour arriver à ce grand résultat; que Votre Majesté en soit convaincue, mes sentiments ne sauraient varier, et tant que les intérêts de la France ne s'y opposeront pas, je serai toujours heureux de servir la cause pour laquelle nous avons combattu ensemble.

« Saint-Cloud, le 20 octobre 1859. »

XVI.

Traités de Zurich.

(Texte du *Moniteur* français, numéro du 29 novembre 1859.)

A.

AU NOM DE LA TRÈS-SAINTE ET INDIVISIBLE TRINITÉ.

S. M. l'empereur des Français et S. M. l'empereur d'Autriche voulant mettre un terme aux calamités de la guerre et prévenir le retour des complications qui l'ont fait naître, en contribuant à fonder sur des bases solides et durables l'indépendance intérieure et extérieure de l'Italie, ont résolu de convertir en traité de paix définitif les préliminaires signés de leur main à Villafranca. A cet effet, Leurs Majestés Impériales ont nommé pour leurs plénipotentiaires, savoir :

S. M. l'empereur des Français, le sieur François-Adolphe, baron de Bourqueney, sénateur de l'Empire, grand-croix de l'ordre impérial de la Légion d'honneur, grand-croix de l'ordre impérial de Léopold d'Autriche, etc., etc., etc.,

Et le sieur Gaston-Robert Morin, marquis de Banneville, officier de l'ordre impérial de la Légion d'honneur, etc., etc., etc.;

S. M. l'empereur d'Autriche, le sieur Aloïs, comte Karolyi de Nagy Karoly, son chambellan et ministre plénipotentiaire, etc., etc., etc.,

Et le sieur Othon, baron de Meysenbug, chevalier de l'ordre impérial et royal de Léopold, commandeur de l'ordre impérial de la Légion d'honneur, etc., etc., son ministre plénipotentiaire et conseiller aulique,

Lesquels se sont réunis en conférence à Zurich, et, après avoir échangé leurs pleins pouvoirs trouvés en bonne et due forme, sont convenus des articles suivants :

Article premier. Il y aura, à l'avenir, paix et amitié entre S. M. l'empereur des Français et S. M. l'empereur d'Autriche, ainsi qu'entre leurs héritiers et successeurs, leurs États et sujets respectifs, à perpétuité.

Art. 2. Les prisonniers de guerre seront immédiatement rendus de part et d'autre.

Art. 3. Pour atténuer les maux de la guerre et par une dérogation exceptionnelle à la jurisprudence généralement consacrée, les bâtiments autrichiens capturés, qui n'ont point encore été l'objet d'une condamnation de la part du conseil des prises, seront restitués.

Les bâtiments et chargements seront rendus dans l'état où ils se trouveront, lors de la remise, après le paiement de toutes les dépenses et de tous les frais auxquels auront pu donner lieu la conduite, la garde et l'instruction desdites prises, ainsi que du fret acquis aux capteurs; et, enfin, il ne pourra être réclamé aucune indemnité pour raison de prises coulées ou détruites, pas plus que pour les préhensions exercées sur les marchandises qui étaient propriétés ennemies, alors même qu'elles n'auraient pas encore été l'objet d'une décision du conseil des prises.

Il est bien entendu, d'autre part, que les jugements prononcés par le conseil des prises sont définitifs et acquis aux ayants droit.

Art. 4. S. M. l'empereur d'Autriche renonce pour lui et tous ses descendants et successeurs, en faveur de S. M. l'empereur des Français, à ses droits et titres sur la Lombardie, à l'exception des forteresses de Peschiera et de Mantoue et des territoires déterminés par la nouvelle délimitation qui restent en la possession de Sa Majesté Impériale et Royale Apostolique.

La frontière, partant de la limite méridionale du Tyrol, sur le lac de Garda, suivra le milieu du lac jusqu'à la hauteur de Bardolino et de Manerba, d'où elle rejoindra en ligne droite le point d'intersection de la zone de défense de la place de Peschiera avec le lac de Garda.

Cette zone sera déterminée par une circonférence dont le rayon, compté à partir du centre de la place, est fixé à 3,500 mètres, plus la distance dudit centre au glacis du fort le plus avancé. Du point d'intersection de la circonférence ainsi désignée avec le Mincio, la frontière suivra le thalweg de la rivière jusqu'à Le Grazie, s'étendra de Le Grazie, en ligne droite, jusqu'à Scorzarolo, suivra le thalweg du Pô jusqu'à Luzzara, point à partir duquel il n'est rien changé aux limites actuelles telles qu'elles existaient avant la guerre.

Une commission militaire instituée par les gouvernements intéressés sera chargée d'exécuter le tracé sur le terrain, dans le plus bref délai possible.

ART. 5. S. M. l'empereur des Français déclare son intention de remettre à S. M. le roi de Sardaigne les territoires cédés par l'article précédent.

ART. 6. Les territoires encore occupés, en vertu de l'armistice du 8 juillet dernier, seront réciproquement évacués par les puissances belligérantes dont les troupes se retireront immédiatement en deçà des frontières déterminées par l'art. 4.

ART. 7. Le nouveau gouvernement de la Lombardie prendra à sa charge les trois cinquièmes de la dette du Monte Lombardo-Veneto.

Il supportera également une portion de l'emprunt national de 1854, fixée entre les hautes parties contractantes à 40 millions de florins (monnaie de convention).

Le mode de paiement de ces 40 millions de florins sera déterminé dans un article additionnel.

ART. 8. Une commission internationale sera immédiatement instituée pour procéder à la liquidation du Monte Lombardo-Veneto; le partage de l'actif et du passif de cet établissement s'effectuera en prenant pour base la répartition de trois cinquièmes pour le nouveau gouvernement et de deux cinquièmes pour l'Autriche.

De l'actif du fonds d'amortissement du Monte et de sa caisse des dépôts consistant en effets publics, le nouveau gouvernement recevra trois cinquièmes, et l'Autriche deux cinquièmes; et quant à la partie de l'actif qui se compose de biens-fonds ou de créances hypothécaires, la commission effectuera le partage en tenant compte de la situation des immeubles, de manière à en attribuer la propriété, autant que faire se pourra, à celui des deux gouvernements sur le territoire duquel ils se trouvent situés.

Quant aux différentes catégories de dettes inscrites, jusqu'au 4 juin

1859, sur le Monte Lombardo-Veneto et aux capitaux placés à intérêts à la caisse de dépôts du fonds d'amortissement, le nouveau gouvernement se charge pour trois cinquièmes, et l'Autriche pour deux cinquièmes, soit de payer les intérêts, soit de rembourser le capital, conformément aux règlements jusqu'ici en vigueur. Les titres de créance de sujets autrichiens entreront de préférence dans la quote-part de l'Autriche qui, dans un délai de trois mois à partir de l'échange des ratifications, ou plus tôt si faire se peut, transmettra au nouveau gouvernement de la Lombardie des tableaux spécifiés de ces titres.

Art. 9. Le nouveau gouvernement de la Lombardie succède aux droits et obligations résultant de contrats régulièrement stipulés par l'administration autrichienne pour des objets d'intérêt public concernant spécialement le pays cédé.

Art. 10. Le gouvernement autrichien restera chargé du remboursement de toutes les sommes versées par les sujets lombards, par les communes, établissements publics et corporations religieuses dans les caisses publiques autrichiennes, à titre de cautionnements, dépôts ou consignations. De même, les sujets autrichiens, communes, établissements publics et corporations religieuses qui auront versé des sommes, à titre de cautionnements, dépôts ou consignations, dans les caisses de la Lombardie, seront exactement remboursés par le nouveau gouvernement.

Art. 11. Le nouveau gouvernement de la Lombardie reconnaît et confirme les concessions de chemins de fer accordées par le gouvernement autrichien sur le territoire cédé, dans toutes leurs dispositions et pour toute leur durée, et nommément les concessions résultant des contrats passés en date des 14 mars 1856, 8 avril 1857 et 23 septembre 1858.

A partir de l'échange des ratifications du présent traité, le nouveau gouvernement est subrogé à tous les droits et à toutes les obligations qui résultaient, pour le gouvernement autrichien, des conditions précitées, en ce qui concerne les lignes de chemins de fer situées sur le territoire cédé.

En conséquence, le droit de dévolution qui appartenait au gouvernement autrichien, à l'égard de ces chemins de fer, est transféré au nouveau gouvernement de la Lombardie.

Les paiements qui restent à faire sur la somme due à l'État par les concessionnaires en vertu du contrat du 14 mars 1856, comme équivalent des dépenses de construction des dits chemins, seront effectués intégralement dans le trésor autrichien.

Les créances des entrepreneurs de constructions et des fournisseurs, de même que les indemnités pour expropriations de terrains, se rapportant à la période où les chemins de fer en question étaient administrés pour le compte de l'État et qui n'auraient pas encore été acquittées, seront payées par le gouvernement autrichien, et, pour autant qu'ils y sont tenus, en vertu de l'acte de concession, par les concessionnaires au nom du gouvernement autrichien.

Une convention spéciale règlera, dans le plus bref délai possible, le service international des chemins de fer entre les pays respectifs.

Art. 12. Les sujets lombards, domiciliés sur le territoire cédé par le présent traité, jouiront, pendant l'espace d'un an, à partir du jour de l'échange des ratifications et moyennant une déclaration préalable à l'autorité compétente, de la faculté pleine et entière d'exporter leurs biens meubles en franchise de droits, et de se retirer avec leurs familles dans les États de Sa Majesté Impériale et Royale Apostolique, auquel cas la qualité de sujets autrichiens leur sera maintenue. Ils seront libres de conserver leurs immeubles situés sur le territoire de la Lombardie.

La même faculté est accordée réciproquement aux individus originaires du territoire cédé de la Lombardie, établis dans les États de S. M. l'empereur d'Autriche.

Les Lombards qui profiteront des présentes dispositions ne pourront être, du fait de leur option, inquiétés, de part ni d'autre, dans leurs personnes ou dans leurs propriétés situées dans les États respectifs.

Le délai d'un an est étendu à deux ans pour les sujets originaires du territoire cédé de la Lombardie qui, à l'époque de l'échange des ratifications du présent traité, se trouveront hors du territoire de la monarchie autrichienne. Leur déclaration pourra être reçue par la mission autrichienne la plus voisine, ou par l'autorité supérieure d'une province quelconque de la monarchie.

Art. 13. Les sujets lombards faisant partie de l'armée autrichienne, à l'exception de ceux qui sont originaires de la partie du territoire lombard réservée à S. M. l'empereur d'Autriche par le présent traité, seront immédiatement libérés du service militaire et renvoyés dans leurs foyers.

Il est entendu que ceux d'entre eux qui déclareront vouloir rester au service de Sa Majesté Impériale et Royale Apostolique ne seront point inquiétés pour ce fait, soit dans leurs personne, soit dans leurs propriétés.

Les mêmes garanties sont assurées aux employés civils originaires de la Lombardie qui manifesteront l'intention de conserver les fonctions qu'ils occupent au service de l'Autriche.

Art. 14. Les pensions, tant civiles que militaires, régulièrement liquidées, et qui étaient à la charge des caisses publiques de la Lombardie, restent acquises à leurs titulaires, et, s'il y a lieu, à leurs veuves et à leurs enfants, et seront acquittées à l'avenir par le nouveau gouvernement de la Lombardie.

Cette stipulation est étendue aux pensionnaires, tant civils que militaires, ainsi qu'à leurs veuves et enfants, sans distinction d'origine, qui conserveront leur domicile dans le territoire cédé, et dont les traitements acquittés jusqu'en 1814 par le ci-devant royaume d'Italie sont alors tombés à la charge du trésor autrichien.

Art. 15. Les archives contenant les titres de propriété et documents administratifs et de justice civile, relatifs soit à la partie de la Lombardie dont la possession est réservée à S. M. l'empereur d'Autriche par le présent traité, soit aux provinces vénitiennes, seront remises aux commissaires de Sa Majesté Impériale et Royale Apostolique aussitôt que faire se pourra.

Réciproquement, ces titres de propriété, documents administratifs et de justice civile concernant le territoire cédé, qui peuvent se trouver dans les archives de l'empire d'Autriche, seront remis aux commissaires du nouveau gouvernement de la Lombardie.

Les hautes parties contractantes s'engagent à se communiquer réciproquement, sur la demande des autorités administratives supérieures, tous les documents et informations relatifs à des affaires concernant à la fois la Lombardie et la Vénétie.

Art. 16. Les corporations religieuses établies en Lombardie pourront librement disposer de leurs propriétés mobilières et immobilières, dans le cas où la législation nouvelle sous laquelle elles passent n'autoriserait pas le maintien de leurs établissements.

Art. 17. S. M. l'empereur des Français se réserve de transférer à S. M. le roi de Sardaigne, dans la forme consacrée des transactions internationales, les droits et obligations résultant des art. 7, 8, 9, 10, 11, 12, 13, 14, 15 et 16 du présent traité, ainsi que de l'article additionnel mentionné dans l'art. 7.

Art. 18. S. M. l'empereur des Français et S. M. l'empereur d'Autriche s'engagent à favoriser de tous leurs efforts la création d'une confédération entre les États italiens, qui serait placée sous la présidence honoraire du saint-père, et dont le but serait de maintenir l'indépendance et l'inviolabilité des États confédérés, d'assurer le développement de leurs intérêts moraux et matériels, et de garantir la sûreté intérieure et extérieure de l'Italie par l'existence d'une armée fédérale.

La Vénétie, qui reste placée sous la couronne de Sa Majesté Impériale et Royale Apostolique, formera un des États de cette confédération et participera aux obligations comme aux droits résultant du pacte fédéral, dont les clauses seront déterminées par une assemblée composée des représentants de tous les États italiens.

Art. 19. Les circonscriptions territoriales des États indépendants de l'Italie, qui n'étaient pas parties dans la dernière guerre, ne pouvant être changées qu'avec le concours des puissances qui ont présidé à leur formation et reconnu leur existence, les droits du grand-duc de Toscane, du duc de Modène et du duc de Parme sont expressément réservés entre les hautes parties contractantes.

Art. 20. Désirant voir assurés la tranquillité des États de l'Église et le pouvoir du saint-père, convaincus que ce but ne saurait être plus efficacement atteint que par l'adoption d'un système approprié aux besoins des populations et conforme aux généreuses intentions déjà manifestées du souverain pontife, S. M. l'empereur des Français et S. M. l'empereur d'Autriche uniront leurs efforts pour obtenir de Sa Sainteté que la nécessité d'introduire dans l'administration de ses États les réformes reconnues indispensables soit prise par son gouvernement en sérieuse considération.

Art. 21. Pour contribuer de tous leurs efforts à la pacification des esprits, les hautes parties contractantes déclarent et promettent que, dans leurs territoires respectifs et dans les pays restitués ou cédés, aucun individu compromis à l'occasion des derniers événements dans la Péninsule, de quelque classe et condition qu'il soit, ne pourra être poursuivi, inquiété ou troublé dans sa personne ou dans sa propriété, à raison de sa conduite ou de ses opinions politiques.

Art. 22. Le présent traité sera ratifié et les ratifications en seront échangées à Zurich dans l'espace de quinze jours, ou plus tôt si faire se peut. En foi de quoi les plénipotentiaires respectifs l'ont signé et y ont apposé le sceau de leurs armes.

Fait à Zurich, le 10e jour du mois de novembre de l'an de grâce 1859.

Signé : *(L. S.)* Bourqueney.
(L. S.) Banneville.
(L. S.) Karolyi.
(L. S.) Meysenbug.

Article additionnel au traité signé entre la France et l'Autriche, à Zurich, le 10 novembre 1859.

Le gouvernement de S. M. l'empereur des Français s'engage envers le gouvernement de Sa Majesté Impériale et Royale Apostolique à effectuer pour le compte du nouveau gouvernement de la Lombardie, qui lui en garantira le remboursement, le paiement des quarante millions de florins (monnaie de convention) stipulés par l'art. 7 du présent traité, dans le mode et aux échéances ci-après déterminés.

Huit millions de florins seront payés en argent comptant, moyennant un mandat payable à Paris, sans intérêts, à l'expiration du troisième mois, à dater du jour de la signature du présent traité, et qui sera remis aux plénipotentiaires de Sa Majesté Impériale et Royale Apostolique, lors de l'échange des ratifications.

Le paiement des trente-deux millions de florins restant aura lieu à Vienne, en argent comptant et en dix versements successifs à effectuer, de deux en deux mois, en lettres de change sur Paris, à raison de trois millions deux cent mille florins (monnaie de convention) chacune. Le premier de ces dix versements aura lieu deux mois après le paiement du mandat de huit millions de florins ci-dessus stipulé. Pour ce terme, comme pour tous les termes suivants, les intérêts seront comptés à cinq pour cent, à partir du premier jour du mois qui suivra l'échange des ratifications du présent traité.

Le présent article additionnel aura la même force et valeur que s'il était inséré mot à mot au traité de ce jour.

Il sera ratifié en un seul acte, et les ratifications en seront échangées en même temps.

En foi de quoi les plénipotentiaires respectifs ont signé le présent article additionnel et y ont apposé le sceau de leurs armes.

Fait à Zurich, le 10e jour du mois de novembre de l'an de grâce 1859.

Signé : (L. S.) BOURQUENEY.
(L. S.) BANNEVILLE.
(L. S.) KAROLYI.
(L. S.) MEYSENBUG.

B.

AU NOM DE LA TRÈS-SAINTE ET INDIVISIBLE TRINITÉ.

S. M. l'empereur des Français et S. M. le roi de Sardaigne, voulant consolider leur alliance et règler par un accord définitif les résultats de leur participation à la dernière guerre, ont résolu de consacrer par un traité les dispositions des préliminaires de Villafranca relatives à la cession de la Lombardie. Ils ont, à cet effet, nommé pour leurs plénipotentiaires, savoir :

S. M. l'empereur des Français, le sieur François-Adolphe, baron de Bourqueney, sénateur de l'empire, grand-croix de l'ordre impérial de la Légion d'honneur, etc., etc., etc.,

Et le sieur Gaston-Robert Morin, marquis de Banneville, officier de l'ordre impérial de la Légion d'honneur, commandeur de l'ordre des Saints Maurice et Lazare, etc., etc., etc.;

Et S. M. le roi de Sardaigne, le sieur François-Louis, chevalier des Ambrois de Nevache, chevalier grand cordon de son ordre des Saints Maurice et Lazare, vice-président de son conseil d'État, sénateur et vice-président du sénat du royaume, etc., etc., etc.,

Et le sieur Alexandre, chevalier Jocteau, commandeur de l'ordre des Saints Maurice et Lazare, commandeur de l'ordre impérial de la Légion d'honneur, etc., etc., etc., son ministre résident près la confédération suisse ;

Lesquels, après avoir échangé leurs pleins pouvoirs trouvés en bonne et due forme, sont convenus des articles suivants :

ARTICLE PREMIER. Par un traité, en date de ce jour, S. M. l'empereur d'Autriche ayant renoncé pour lui et ses descendants et successeurs, en faveur de S. M. l'empereur des Français, à ses droits et titres sur la Lombardie, S. M. l'empereur des Français transfère à S. M. le roi de Sardaigne les droits et titres qui lui sont acquis par l'art. 4 du traité précité, dont la teneur suit :

« S. M. l'empereur d'Autriche renonce pour lui et tous ses descendants et successeurs, en faveur de S. M. l'empereur des Français, à ses droits et titres sur la Lombardie, à l'exception des forteresses de Peschiera et de Mantoue et des territoires déterminés par la nouvelle délimitation, qui restent en la possession de Sa Majesté Impériale et Royale Apostolique.

« La frontière partant de la limite méridionale du Tyrol sur le lac de Garda suivra le milieu du lac jusqu'à la hauteur de Bardolino et de Manerba, d'où elle rejoindra, en ligne droite, le point d'intersection de la zone de défense de la place de Peschiera avec le lac de Garda.

« Cette zone sera déterminée par une circonférence, dont le rayon, compté à partir du centre de la place, est fixé à 3,500 mètres, plus la distance dudit centre au glacis du fort le plus avancé. Du point d'intersection de la circonférence ainsi désignée avec le Mincio, la frontière suivra le thalweg de la rivière, jusqu'à Le Grazie, s'étendra de Le Grazie, en ligne droite, jusqu'à Scorzarolo, suivra le thâlweg du Pô jusqu'à Luzzara, point à partir duquel il n'est rien changé aux limites actuelles, telles qu'elles existaient avant la guerre.

« Une commission militaire, instituée par les gouvernements intéressés, sera chargée d'exécuter le tracé sur le terrain dans le plus bref délai possible. »

ART. 2. S. M. le roi de Sardaigne, en prenant possession des territoires à lui cédés par S. M. l'empereur des Français, accepte les charges et conditions attachées à cette cession, telles qu'elles sont stipulées dans les articles 7, 8, 9, 10, 11, 12, 13, 14, 15 et 16 du traité conclu, en date de ce jour, entre S. M. l'empereur des Français et S. M. l'empereur d'Autriche, qui sont ainsi conçus :

« *a)* Le nouveau gouvernement de la Lombardie prendra à sa charge les trois cinquièmes de la dette du Monte Lombardo-Veneto.

« Il supportera également une portion de l'emprunt national de 1854, fixée entre les hautes parties contractantes à quarante millions de florins (monnaie de convention).

« *b)* Une commission internationale sera immédiatement instituée pour procéder à la liquidation du Monte Lombardo-Veneto; le partage de l'actif et du passif de cet établissement s'effectuera en prenant pour base la répartition de trois cinquièmes pour le nouveau gouvernement et de deux cinquièmes pour l'Autriche.

« De l'actif du fonds d'amortisssement du Monte et de sa caisse de dépôts consistant en effets publics, le nouveau gouvernement recevra trois cinquièmes et l'Autriche deux cinquièmes, et, quant à la partie de l'actif qui se compose de biens-fonds ou de créances hypothécaires, la commission effectuera le partage en tenant compte de la situation des immeubles de manière à en attribuer la propriété, autant que faire se pourra, à celui des deux gouvernements sur le territoire duquel ils se trouvent situés

« Quant aux différentes catégories de dettes inscrites, jusqu'au 4 juin 1859, sur le Monte Lombardo-Veneto, et aux capitaux placés à intérêts à la caisse de dépôts du fonds d'amortissement; le nouveau gouvernement se charge pour trois cinquièmes, et l'Autriche pour deux cinquièmes, soit de payer les intérêts, soit de rembourser le capital, conformément aux règlements jusqu'ici en vigueur. Les titres de créance des sujets autrichiens entreront, de préférence, dans la quote-part de l'Autriche qui, dans un délai de trois mois, à partir de l'échange des ratifications ou plutôt si faire se peut, transmettra au nouveau gouvernement de la Lombardie des tableaux spécifiés de ces titres.

« *c)* Le nouveau gouvernement de la Lombardie succède aux droits et obligations résultant de contrats régulièrement stipulés par l'administration autrichienne pour des objets d'intérêt public concernant spécialement le pays cédé.

« *d)* Le gouvernement autrichien restera chargé du remboursement de toutes les sommes versées par les sujets lombards, par les communes, établissements publics et corporations religieuses, dans les caisses publiques autrichiennes, à titre de cautionnements, dépôts ou consignations.

« De même, les sujets autrichiens, communes, établissements publics et corporations religieuses qui auront versé des sommes à titre de cautionnements, dépôts ou consignations, dans les caisses de la Lombardie, seront exactement remboursés par le nouveau gouvernement.

« *e)* Le nouveau gouvernement de la Lombardie reconnaît et confirme les concessions de chemins de fer accordées par le gouvernement autrichien sur le territoire cédé, dans toutes leurs dispositions et pour toute leur durée, et nommément les concessions résultant des contrats passés, en date des 14 mars 1856, 8 avril 1857 et 23 septembre 1858.

« A partir de l'échange des ratifications du présent traité, le nouveau gouvernement est subrogé à tous les droits et à toutes les obligations qui résultaient pour le gouvernement autrichien des concessions précitées, en ce qui concerne les lignes de chemins de fer situées sur le territoire cité.

« En conséquence, le droit de dévolution qui appartenait au gouvernement autrichien à l'égard de ces chemins de fer est transféré au nouveau gouvernement de la Lombardie.

« Les paiements qui restent à faire sur la somme due à l'Etat par les concessionnaires, en vertu du contrat du 14 mars 1856, comme équivalent des dépenses de construction desdits chemins de fer, seront effectués intégralement dans le trésor autrichien.

« Les créances des entrepreneurs de constructions et des fournisseurs, de même que les indemnités pour expropriations de terrains, se rapportant à la période où les chemins de fer en question étaient administrés pour le compte de l'État, et qui n'auraient pas encore été acquittées, seront payées par le gouvernement autrichien, et, pour autant qu'ils y sont tenus en vertu de l'acte de concession, par les concessionnaires, au nom du gouvernement autrichien.

« Une convention spéciale règlera, dans le plus bref délai possible, le service international des chemins de fer entre les pays respectifs.

« *f)* Les sujets lombards domiciliés sur le territoire cédé par le présent traité, jouiront, pendant l'espace d'un an, à partir du jour de l'échange des ratifications, et moyennant une déclaration préalable à l'autorité compétente, de la faculté pleine et entière d'exporter leurs biens meubles en franchise de droits et de se retirer avec leurs familles dans les États de Sa Majesté Impériale et Royale Apostolique ; auquel cas la qualité de sujets autrichiens leur sera maintenue. Ils seront libres de conserver leurs immeubles sur le territoire de la Lombardie.

« La même faculté est accordée réciproquement aux individus originaires du territoire cédé de la Lombardie, établis dans les États de S. M. l'empereur d'Autriche.

« Les Lombards qui profiteront des présentes dispositions ne pourront être, du fait de leur option, inquiétés, de part ni d'autre, dans leurs personnes ou dans leurs propriétés situées dans les États respectifs.

« Le délai d'un an est étendu à deux ans pour les sujets originaires du territoire cédé de la Lombardie, qui, à l'époque de l'échange des ratifications du présent traité, se trouveront hors du territoire de la monarchie autrichienne. Leur déclaration pourra être reçue par la mission autrichienne la plus voisine, ou par l'autorité supérieure d'une province quelconque de la monarchie.

« *g)* Les sujets lombards faisant partie de l'armée autrichienne, à l'exception de ceux qui sont originaires de la partie du territoire lombard réservée à S. M. l'empereur d'Autriche par le présent traité, seront immédiatement libérés du service militaire et renvoyés dans leurs foyers.

« Il est entendu que ceux d'entre eux qui déclareront vouloir rester au service de Sa Majesté Impériale et Royale Apostolique, ne seront point inquiétés pour ce fait, soit dans leurs personnes, soit dans leurs propriétés.

« Les mêmes garanties sont assurées aux employés civils originaires de la Lombardie qui manifesteront l'intention de conserver les fonctions qu'ils occupent au service d'Autriche.

« *h)* Les pensions, tant civiles que militaires, régulièrement liquidées, et qui étaient à la charge des caisses publiques de la Lombardie, restent acquises à leurs titulaires, et, s'il y a lieu, à leurs veuves et à leurs enfants, et seront acquittées à l'avenir par le nouveau gouvernement de la Lombardie.

« Cette stipulation est étendue aux pensionnaires, tant civils que militaires, ainsi qu'à leurs veuves et à leurs enfants, sans distinction d'origine, qui conserveront leur domicile dans le territoire cédé, et dont les traitements acquittés, jusqu'en 1814, par le ci-devant royaume d'Italie, sont alors tombés à la charge du trésor autrichien.

« *i)* Les archives contenant les titres de propriété et documents admininistratifs et de justice civile, relatifs, soit à la partie de la Lombardie dont la possession est réservée à S. M. l'empereur d'Autriche par le présent traité, soit aux provinces vénitiennes, seront remises aux commissaires de Sa Majesté Impériale et Royale Apostolique, aussitôt que faire se pourra.

« Réciproquement, les titres de propriété, documents administratifs et de justice civile concernant le territoire cédé, qui peuvent se trouver dans les archives de l'empire d'Autriche, seront remis aux commissaires du nouveau gouvernement de la Lombardie.

« Les hautes parties contractantes s'engagent à se communiquer réciproquement, sur la demande des autorités administratives supérieures, tous les documents et informations relatifs à des affaires concernant à la fois la Lombardie et la Vénétie.

« *j)* Les corporations religieuses établies en Lombardie pourront librement disposer de leurs propriétés mobilières et immobilières, dans le cas où la législation nouvelle, sous laquelle elles passent, n'autoriserait pas le maintien de leurs établissements. »

Art. 3. Par l'article additionnel au traité conclu, en date de ce jour, entre S M. l'empereur des Français et S. M. l'empereur d'Autriche, le gouvernement français s'étant engagé vis-à-vis du gouvernement autrichien à effectuer, pour le compte du nouveau gouvernement de la Lombardie, le paiement des quarante millions de florins (monnaie de convention) stipulés par l'art. 7 du traité précité, S. M. le roi de Sardaigne, en conséquence des obligations qu'il a acceptées par l'article précédent, s'engage à rembourser cette somme à la France de la manière suivante :

Le gouvernement sarde remettra à celui de S. M. l'empereur des Français des titres de rentes sardes cinq pour cent, au porteur, pour une valeur de cent millions de francs. Le gouvernement français les accepte au cours moyen de la Bourse de Paris du 29 octobre 1859. Les intérêts de ces rentes courront au profit de la France, à partir du jour de la remise des titres, qui aura lieu un mois après l'échange des ratifications du présent traité.

Art. 4. Pour atténuer les charges que la France s'est imposée à l'occasion de la dernière guerre, le gouvernement de S. M. le roi de Sardaigne s'engage à rembourser au gouvernement de S. M. l'empereur des Français une somme de soixante millions de francs, pour le paiement de laquelle une rente de cinq pour cent de trois millions sera inscrite sur le grand-livre de la dette publique de Sardaigne. Les titres en seront remis au gouvernement français qui les accepte au pair. Les intérêts de ces rentes courront au profit de la France, à partir du jour de la remise des titres, qui aura lieu un mois après l'échange des ratifications.

Art. 5. Le présent traité sera ratifié et les ratifications en seront échangées à Zurich, dans un délai de quinze jours ou plus tôt si faire se peut.

En foi de quoi les plénipotentiaires respectifs l'ont signé et y ont apposé le sceau de leurs armes.

Fait à Zurich, le dixième jour du mois de novembre de l'an de grâce 1859.

Signé : *(L. S.)* Bourqueney.
(L. S.) Banneville.
(L. S.) Des Ambrois.
(L. S.) Jocteau.

C.

AU NOM DE LA TRÈS-SAINTE ET INDIVISIBLE TRINITÉ.

S. M. l'empereur des Français, S. M. l'empereur d'Autriche et S. M. le roi de Sardaigne voulant compléter les conditions de la paix dont les préliminaires, arrêtés à Villafranca, ont été convertis en un traité conclu, en date de ce jour, entre S. M. l'empereur des Français et S. M. l'empereur d'Autriche; voulant de plus consigner dans un acte commun les cessions territoriales telles qu'elles sont stipulées dans le traité précité, ainsi que dans le traité conclu, ce même jour, entre S. M. l'empereur des Français et S. M. le roi de Sardaigne, ont nommé, à cet effet, pour leurs plénipotentiaires, savoir :

S. M. l'empereur des Français, le sieur François-Adolphe, baron de Bourqueney, sénateur de l'empire, grand-croix de l'ordre impérial de la Légion d'honneur, de l'ordre de Léopold d'Autriche, etc., etc., etc.,

Et le sieur Gaston-Robert Morin, marquis de Banneville, officier de l'ordre impérial de la Légion d'honneur, commandant de l'ordre des Saints Maurice et Lazare, chevalier de grâce de l'ordre constantinien des Deux-Siciles, etc., etc., etc.;

S. M. l'empereur d'Autriche, le sieur Aloïs comte Karolyi de Nagy Karoly, commandeur de l'ordre du Sauveur de Grèce, son chambellan et ministre plénipotentiaire, etc., etc., etc.,

Et le sieur Othon, baron de Meysenbug, chevalier de l'ordre impérial et royal de Léopold, commandeur de l'ordre impérial de la Légion d'honneur, etc., etc., etc., son ministre plénipotentiaire, conseiller aulique, etc., etc., etc.;

S. M. le roi de Sardaigne, le sieur François-Louis, chevalier des Ambrois de Nevache, chevalier grand cordon de son ordre des Saints Maurice et Lazare, vice-président de son conseil d'État, sénateur et vice-président du sénat du royaume, etc., etc., etc.;

Et le sieur Alexandre, chevalier Jocteau, commandeur de son ordre des Saints Maurice et Lazare, commandeur de l'ordre impérial de la Légion d'honneur, etc., etc., etc., son ministre résident près la confédération suisse.

Lesquels, après avoir échangé leurs pleins pouvoirs trouvés en bonne et due forme, sont convenus des articles suivants :

Article premier. Il y aura, à dater du jour de l'échange des ratifications du présent traité, paix et amitié entre S. M. l'empereur d'Autriche et S. M. le roi de Sardaigne, leurs héritiers et successeurs, leurs États et sujets respectifs, à perpétuité.

Art. 2. Les prisonniers de guerre autrichiens et sardes seront immédiatement rendus de part et d'autre.

Art. 3. Par suite des cessions territoriales stipulées dans les traités conclus en ce jour entre S. M. l'empereur des Français et S. M. l'empereur d'Autriche, d'un côté, et S. M. l'empereur des Français et S. M. le roi de Sardaigne, de l'autre, la délimitation entre les provinces italiennes de l'Autriche et la Sardaigne sera à l'avenir la suivante :

La frontière partant de la limite méridionale du Tyrol sur le lac de Garda suivra le milieu du lac jusqu'à la hauteur de Bardolino et de

Mauerba, d'où elle rejoindra en ligne droite le point d'intersection de la zone de défense de la place de Peschiera avec le lac de Garda.

Elle suivra la circonférence de cette zone, dont le rayon, compté à partir du centre de la place, est fixé à 3,500 mètres, plus la distance dudit centre au glacis du fort le plus avancé. Du point d'intersection de la circonférence ainsi désignée avec le Mincio, la frontière suivra le thalweg de la rivière jusqu'à Le Grazie, s'étendra de Le Grazie en ligne droite jusqu'à Scorzarolo, suivra le thalweg du Pô jusqu'à Luzzara, point à partir duquel il n'est rien changé aux limites actuelles, telles qu'elles existaient avant la guerre.

Une commission militaire, instituée par les hautes parties contractantes, sera chargée d'exécuter le tracé sur le terrain dans le plus bref délai possible.

Art. 4. Les territoires encore occupés, en vertu de l'armistice du 8 juillet dernier, seront réciproquement évacués par les troupes autrichiennes et sardes, qui se retireront immédiatement en deçà des frontières déterminées par l'article précédent.

Art. 5. Le gouvernement de S. M. le roi de Sardaigne prendra à sa charge les trois cinquièmes de la dette du Monte Lombardo-Veneto.

Il supportera également une portion de l'emprunt national de 1854, fixée entre les hautes parties contractantes à 40 millions de florins (monnaie de convention).

Art. 6. A l'égard des 40 millions de florins stipulés dans l'article précédent, le gouvernement de S. M. l'empereur des Français renouvelle l'engagement qu'il a pris vis-à-vis du gouvernement de S. M. l'empereur d'Autriche d'en effectuer le paiement, selon le mode déterminé dans l'article additionnel au traité signé, en date de ce jour, entre les deux hautes parties contractantes.

D'autre part, le gouvernement de S. M. le roi de Sardaigne constate de nouveau l'engagement qu'il a contracté, par le traité signé également aujourd'hui entre la France et la Sardaigne, de rembourser cette somme au gouvernement de S. M. l'empereur des Français, d'après le mode stipulé dans l'art. 3 dudit traité.

Art. 7. Une commission composée de délégués des hautes parties contractantes sera immédiatement instituée pour procéder à la liquidation du Monte Lombardo-Veneto. Le partage de l'actif et du passif de cet établissement s'effectuera en prenant pour base la répartition de trois cinquièmes pour la Sardaigne et de deux cinquièmes pour l'Autriche.

De l'actif du fonds d'amortissement du Monte et de sa caisse de dépôt consistant en effets publics, la Sardaigne recevra trois cinquièmes et l'Autriche deux cinquièmes, et, quant à la partie de l'actif qui se compose de biens fonds ou de créances hypothécaires, la commission effectuera le partage en tenant compte de la situation des immeubles, de manière à en attribuer la propriété, autant que faire se pourra, à celui des deux gouvernements sur le territoire duquel ils se trouvent situés.

Quant aux différentes catégories de dettes inscrites, jusqu'au 4 juin 1859, sur le Monte Lombardo-Veneto, et aux capitaux placés à intérêts à la caisse de dépôts du fonds d'amortissement, la Sardaigne se charge pour trois cinquièmes et l'Autriche pour deux cinquièmes, soit de payer les intérêts, soit de rembourser le capital, conformément aux règlements jusqu'ici en vigueur. Les titres de créance des sujets autrichiens entreront de préférence dans la quote-part de l'Autriche, qui, dans un délai de trois mois, à partir de l'échange des ratifications, ou plus tôt si faire se peut, transmettra au gouvernement sarde des tableaux spécifiés de ces titres.

Art. 8. Le gouvernement de Sa Majesté sarde succède aux droits et obligations résultant de contrats régulièrement stipulés par l'administration autrichienne pour des objets d'intérêt public concernant spécialement le pays cédé.

Art. 9. Le gouvernement autrichien restera chargé du remboursement de toutes les sommes versées par les sujets lombards, par les communes, établissements publics et corporations religieuses dans les caisses publiques autrichiennes, à titre de cautionnements, dépôts ou consignations. De même, les sujets autrichiens, communes, établissements publics et corporations religieuses qui auront versé des sommes, à titre de cautionnements, dépôts ou consignations, dans les caisses de la Lombardie seront exactement remboursés par le gouvernement sarde.

Art. 10. Le gouvernement de S. M. le roi de Sardaigne reconnaît et confirme les concessions de chemins de fer accordées par le gouvernement autrichien sur le territoire cédé, dans toutes leurs dispositions et pour toute leur durée, et nommément, les concessions résultant des contrats passés, en date des 14 mars 1856, 8 avril 1857 et 23 septembre 1858.

A partir de l'échange des ratifications du présent traité, le gouvernement sarde est subrogé à tous les droits et à toutes les obligations qui résultaient pour le gouvernement autrichien des concessions précitées en ce qui concerne les lignes de chemins de fer situées sur le territoire cédé.

En conséquence, le droit de dévolution, qui appartenait au gouvernement autrichien à l'égard de ces chemins de fer, est transféré au gouvernement sarde.

Les paiements qui restent à faire sur la somme due à l'État par les concessionnaires, en vertu du contrat du 14 mars 1856, comme équivalent des dépenses de construction des dits chemins, seront effectués intégralement dans le trésor autrichien.

Les créances des entrepreneurs de construction et des fournisseurs, de même que les indemnités pour expropriations de terrains, se rapportant à la période où les chemins de fer en question étaient administrés pour le compte de l'État, qui n'auraient pas encore été acquittées, seront payées par le gouvernement autrichien et pour autant qu'ils y sont tenus, en vertu de l'acte de concession, par les concessionnaires au nom du gouvernement autrichien.

Une convention spéciale réglera, dans le plus bref délai possible, le service international des chemins de fer entre l'Autriche et la Sardaigne.

Art. 11. Il est entendu que le recouvrement des créances résultant des paragraphes 12, 13, 14, 15 et 16 du contrat du 14 mars 1856, ne donnera à l'Autriche aucun droit de contrôle et de surveillance sur la construction et l'exploitation des chemins de fer dans le territoire cédé. Le gouvernement sarde s'engage, de son côté, à donner tous les renseignements qui pourraient lui être demandés à cet égard par le gouvernement autrichien.

Art. 12. Les sujets lombards domiciliés sur le territoire cedé jouiront, pendant l'espace d'un an, à partir du jour de l'échange des ratifications, et moyennant une déclaration préalable à l'autorité compétente, de la faculté pleine et entière d'exporter leurs biens meubles en franchise de droits et de se retirer avec leurs familles dans les États de Sa Majesté Impériale et Royale Apostolique, auquel cas la qualité de sujets autrichiens leur sera maintenue. Ils seront libres de conserver leurs immeubles situés sur le territoire de la Lombardie.

La même faculté est accordée réciproquemant aux individus originaires du territoire cédé de la Lombardie, établis dans les États de S. M. l'empereur d'Autriche.

Les Lombards qui profiteront des présentes dispositions ne pourront être, du fait de leur option, inquiétés, de part ni d'autre, dans leurs personnes ou dans leurs propriétés situées danr les États respectifs.

Le délai d'un an est étendu à deux ans pour les sujets originaires du territoire cédé de la Lombardie qui, à l'époque de l'échange des ratifications du présent traité, se trouveront hors du territoire de la monarchie autrichienne. Leur déclaration pourra être reçue par la mission autrichienne la plus voisine ou par l'autorité supérieure d'une province quelconque de la monarchie.

Art. 13. Les sujets lombards faisant partie de l'armée autrichienne, à l'exception de ceux qui sont originaires de la partie du territoire lombard réservée à S. M. l'empereur d'Autriche, seront immédiatement libérés du service militaire et renvoyés dans leurs foyers.

Il est entendu que ceux d'entre eux qui déclarent vouloir rester au service de Sa Majesté Impériale et Royale Apostolique ne seront point inquiétés pour ce fait, soit dans leurs personnes, soit dans leurs propriétés.

Les mêmes garanties sont assurées aux employés civils originaires de la Lombardie qui manifesteront l'intention de conserver les fonctions qu'ils occupent au service d'Autriche.

Art. 14. Les pensions, tant civiles que militaires, régulièrement liquidées, et qui étaient à la charge des caisses publiques de la Lombardie, restent acquises à leurs titulaires et, s'il y a lieu, à leurs veuves et à leurs enfants, et seront acquittées à l'avenir par le gouvernement de Sa Majesté sarde.

Cette stipulation est étendue aux pensionnaires, tant civils que militaires, ainsi qu'à leurs veuves et enfants, sans distinction d'origine, qui conserveront leur domicile dans le territoire cédé, et dont les traitements acquittés jusqu'en 1814 par le ci-devant royaume d'Italie sont alors tombés à la charge du trésor autrichien.

Art. 15. Les archives contenant les titres de propriété et documents administratifs et de justice civile relatifs, soit à la partie de la Lombardie, dont la possession est réservée à S. M. l'empereur d'Autriche, soit aux provinces vénitiennes, seront remises aux commissaires de Sa Majesté Impériale et Royale Apostolique aussitôt que faire se pourra.

Réciproquement, les titres de propriété, documents administratifs et de justice civile concernant le territoire cédé qui peuvent se trouver dans les archives de l'empire d'Autriche seront remis aux commissaires de S. M. le roi de Sardaigne.

Les gouvernements d'Autriche et de Sardaigne s'engagent à se communiquer réciproquement, sur la demande des autorités administratives supérieures, tous les documents et informations relatifs à des affaires concernant à la fois la Lombardie et la Vénétie.

Art. 16. Les corporations religieuses établies en Lombardie et dont la législation sarde n'autoriserait pas l'existence, pourront librement disposer de leurs propriétés mobilières et immobilières.

Art. 17. Tous les traités et conventions conclus entre S. M. l'empereur d'Autriche et S. M. le roi de Sardaigne, qui étaient en vigueur avant le 1er avril 1859, seront confirmés en tant qu'il n'y est pas dérogé par le présent traité. Toutefois, les deux hautes parties contractantes s'engagent à soumettre, dans le terme d'une année, ces traités et conventions à une révision générale, afin d'y apporter, d'un commun accord, les modifications qui seront jugées conformes à l'intérêt des deux pays.

En attendant, ces traités et conventions sont étendus au territoire nouvellement acquis par S. M. le roi de Sardaigne.

Art. 18. La navigation du lac de Garda est libre, sauf les règlements particuliers des ports et de police riveraine. La liberté de la navigation du Pô et de ses affluents est maintenue conformément aux traités.

Une convention destinée à régler les mesures nécessaires pour prévenir et réprimer la contrebande sur ces eaux sera conclue, entre l'Autriche et la Sardaigne, dans le terme d'un an, à dater de l'échange des ratifications du présent traité. En attendant, on appliquera à la navigation les dispositions stipulées dans la convention du 22 novembre 1851, pour la répression de la contrebande sur le lac Majeur, le Pô et le Tessin; et, pendant le même intervalle, il ne sera rien innové aux règlements et aux droits de navigation en vigueur à l'égard du Pô et de ses affluents.

ART. 19. Le gouvernement autrichien et le gouvernement sarde s'engagent à régler, par un acte spécial, tout ce qui tient à la propriété et à l'entretien des ponts et passages sur le Mincio, là où il forme la frontière, aux constructions nouvelles à faire à cet égard, aux frais qui en résulteront et à la perception des péages.

ART. 20. Là où le thalweg du Mincio marquera désormais la frontière entre l'Autriche et la Sardaigne, les constructions ayant pour objet la rectification du lit et l'endiguement de cette rivière, ou qui seraient de nature à altérer son courant, se feront d'un commun accord entre les deux États limitrophes. Un arrangement ultérieur règlera cette matière.

ART. 21. Les habitants des districts limitrophes jouiront réciproquement des facilités qui étaient antérieurement assurées aux riverains du Tessin.

ART. 22. Pour contribuer de tous leurs efforts à la pacification des esprits, S. M. l'empereur d'Autriche et S. M. le roi de Sardaigne déclarent et promettent que, dans leurs territoires respectifs et dans les pays restitués ou cédés, aucun individu compromis à l'occasion des derniers événements dans la Péninsule, de quelque classe ou condition qu'il soit, ne pourra être poursuivi, inquiété ou troublé dans sa personne ou dans sa propriété, à raison de sa conduite ou de ses opinions politiques.

ART. 23. Le présent traité sera ratifié, et les ratifications en seront échangées à Zurich dans l'espace de quinze jours, ou plus tôt si faire se peut.

En foi de quoi les plénipotentiaires respectifs l'ont signé et y ont apposé le sceau de leurs armes.

Fait à Zurich, le dixième jour du mois de novembre 1859.

Signé : (L. S.) BOURQUENEY.
(L. S.) BANNEVILLE.
(L. S.) KAROLYI.
(L. S.) MEYSENBUG.
(L. S.) DES AMBROIS.
(L. S.) JOCTEAU.

FIN DU DEUXIÈME ET DERNIER VOLUME.

TABLE DES MATIÈRES

Evreux, A. Hérissey, imp. — 760.

www.ingramcontent.com/pod-product-compliance
Ingram Content Group UK Ltd.
Pitfield, Milton Keynes, MK11 3LW, UK
UKHW020242250726
13967UKWH00004B/1479

9 782012 392830